Kuaiji Zhidu Bianqian Yu
Ziben Jiegou De
Dongtai Tiaozheng

会计制度变迁与资本结构的动态调整

——基于中国上市公司的实证研究

李敏 著
Li min

西安交通大学出版社
XI'AN JIAOTONG UNIVERSITY PRESS

图书在版编目（CIP）数据

会计制度变迁与资本结构的动态调整：基于中国上市公司的实证研究/李敏著. —西安：西安交通大学出版社，2016. 10（2017. 4 重印）

ISBN 978-7-5605-9127-8

Ⅰ. ①会… Ⅱ. ①李… Ⅲ. ①会计制度—研究—中国②上市公司—资本结构—研究—中国 Ⅳ. ① F233.2 ② F279.246

中国版本图书馆 CIP 数据核字（2016）第 265797 号

书　　名　会计制度变迁与资本结构的动态调整：基于中国上市公司的实证研究
著　　者　李　敏
责任编辑　杨　璠　　毛　帆
文字编辑　田　华　　陈　昕

出版发行　西安交通大学出版社
　　　　　（西安市兴庆南路 10 号　邮政编码 710049）
网　　址　http://www.xjtupress.com
电　　话　（029）82668357　82667874（发行部）
　　　　　（029）82668315（总编办）
印　　刷　虎彩印艺股份有限公司

开　　本　720 mm × 1000 mm　1/16　　印张　10.625　　字数　194 千字
版次印次　2016 年 10 月第 1 版　2017 年 4 月第 2 次印刷
书　　号　ISBN 978-7-5605-9127-8
定　　价　72.00 元

读者购书、书店添货或发现印装质量问题，请与本社营销中心联系、调换。
订购热线：（029）82665248　（029）82665249
投稿热线：（029）82665355
读者信箱：lg_book@163.com

前　言

借鉴新制度经济学的研究思路，将制度因素引入资本结构的研究范畴是资本结构理论研究的一个新方向。目前学者们的研究主要集中在税收制度、破产制度、资本市场和法制体系等几个方面，专门针对会计制度对资本结构影响的研究还很少见。资本结构动态调整理论认为，由于影响资本结构的各种因素始终处于动态变化之中，公司资本结构的选择应当是一个动态决策的过程。我国会计制度已经历了数次重大的变迁，由此导致的会计信息质量的变化是动态的，而会计信息质量的高低又会对公司的融资成本产生影响。那么，我国会计制度变迁带来的会计信息质量的动态变化，是否会通过影响公司融资成本而对资本结构的动态调整产生影响？又是如何产生影响？本书通过理论分析，从调整速度和调整方式两个方面剖析了会计制度变迁影响公司资本结构动态调整的机理，并以我国会计制度变迁的第二至第四阶段（1998 ～ 2014）110 家上市公司 17 年的平衡面板数据为样本，按照机理所描述的影响路径，实证检验了该影响机理在我国的适用情况和效果。

实证检验分为三步：第一步，利用扩展的 Jones 模型、盈余 - 股票报酬计量模型和修正的价格模型分别从盈余质量、会计盈余稳健性、会计信息价值相关性三个方面检验了会计制度变迁对会计信息质量的影响；第二步，用扩展的 Jones 模型计算的盈余质量作为会计信息质量的代表，利用 OLS 回归分析模型检验了会计信息质量对股权融资成本和债务融资成本的影响差异及差异的变化；第三步，对会计制度变迁对公司资本结构动态调整速度及调整方式的影响分别进行检验，并进一步检验了融资成本在其中发挥的中介作用。具体如下：首先建立资本结构动态调整模型，运用系统的 GMM 估计方法对会计制度及其路径依赖性对资本结构的影响进行了初步检验，同时得到估计目标资本结构 LEV_{it}^* 的各个参数，并计算出 LEV_{it}^*；其次，在对资本结构的基准调整速度进行估计的基础上，加入会计制度变量，利用 OLS 回归分析，从全样本和分阶段样本两个方面检验会计制度对资本结构总体调整速度的影响以及不同负债水平下对调整速度的影响；第三，利用 Logit 模型回归分析，检验会计制度变迁对公司资本结构动态调整方式的影响；最后，利用 Baron 和 Kenny 提出的检验中介变量的方法检验融资成本在会计制度变迁对资本结构动态调整影响中的中介作用。

通过实证检验，主要得到以下结论。

（1）会计制度变迁会影响会计信息质量。随着会计制度的变迁，操控性应计利润呈先降后升的趋势，上市公司会计盈余质量在第三阶段有所提高，但在第四阶段却有所降低；会计盈余稳健性在会计制度变迁第二、第三和第四阶段逐步提高，制度变迁效果较好；会计信息价值相关性在整个会计制度变迁阶段总体呈现一个上升趋势，其中，第三和第四阶段会计信息价值相关性大幅提升，变迁效果显著。

（2）会计信息质量对股权融资成本和债务融资成本的影响程度存在差异。在同一会计信息质量水平下，会计信息对股权融资成本的影响大于对债务融资成本的影响；当会计信息质量发生变化时，其对两种融资成本的影响差异也随之发生变化，会计信息质量提高时，影响差异缩小，反之，影响差异变大。

（3）会计制度变迁显著影响公司资本结构动态调整速度，并且其对向上调整速度的影响大于对向下调整速度的影响，这种影响差异在会计信息质量下降的阶段表现得更突出；调整方式方面，会计制度变迁对向下调整时选择增加权益融资方式和向上调整时选择增加有息负债方式具有显著促进作用，但对减少权益融资和减少有息负债这两种调整方式的影响并不显著；会计制度的路径依赖特性也对资本结构的动态调整产生影响，使公司只能部分调整其资本结构；融资成本在会计制度对资本结构动态调整的影响中发挥了部分中介作用。

目　　录

第1章

绪　论

1.1 研究背景及意义

1.1.1 研究背景

资本结构问题一直都是学者们研究的热点问题，资本结构理论也经历了从Modigliani和Miller（简称MM）理论等现代资本结构理论，到权衡理论、优序融资理论、信号传递理论、代理成本理论和市场相机抉择理论等新资本结构理论的一个发展过程。这些理论从不同的角度解释了公司资本结构选择的差异，也由此产生了大量实证检验公司资本结构影响因素的研究。最初学者们主要从公司特征因素和行业因素方面展开研究，研究公司规模、成长性、盈利能力、资产担保价值、非债务税盾等因素对资本结构的影响，但国内外学者的研究结论并不完全一致，也无法解释不同国家之间资本结构存在的显著差异。于是一些学者借鉴新制度经济学的研究思路，把制度因素引入资本结构的研究范畴，发现投资者保护程度、金融市场发展模式等制度因素对资本结构具有显著的影响，制度不仅直接影响资本结构，而且还通过影响公司特征因素对资本结构产生间接影响，从而逐渐形成了资本结构理论研究的一个新方向——资本结构决定的制度视角。目前学者们主要从税收制度、破产制度、资本市场和法制体系等几个方面来研究制度因素对公司资本结构选择的影响，但专门针对会计制度对资本结构影响的研究还很少见。

进入21世纪以来，学者们开始充分关注资本结构的动态调整，提出了资本结构动态调整理论。他们认为，由于影响资本结构的各种因素始终处于动态变化之中，公司资本结构的选择也应当是一个动态决策的过程，因此在动态的框架内分析资本结构的选择是比较合理的。资本结构其实就是融资问题，是公司在权衡收益与成本之后做出的选择，融资的主要渠道就是资本市场，因此资本市场的制度必然会对公司的融资选择以及资本结构产生影响。我国新兴加转轨市场经济的一个重要特征就是制度的变迁比较频繁，而资本市场经济制度变迁则更为直接和显著，其中会计制度作为资本市场中一项重要的经济制度，已经历了数次重大的变迁过程。会计制度是生产会计信息的主要依据，对会计信息有着最直接和重要的影响，因此，随着会计制度的变迁，会计信息质量一定会发生变化。而根据信息不对称理论和委托代理理论，会计信息特别是盈余信息质量的高低会对公司的融资成本（包括股权融资成本和债务融资成本）产生影响。从国外现有的研究成果来看，Francis 等（2004）[1]，Lambert 等（2007）[2]，Jennifer Francis 等（2008）[3] 学者近乎完全一致的研究结论表明，高质量的盈余信息能降低公司融资成本。公司资本结构的调整主要就是通过股权和债务这两种融资方式来进行的，通过对这两种融资方式的成本进行比较，做出不同的融资决策，完成资本结构的调整，并形成不同的资本结构。我国会计制度变迁是一个动态的过程，由此导致的会计信息质量的变化也是动态的，那么，会计制度是否会对公司资本结构的选择产生影响？我国会计制度变迁带来的会计信息质量的动态变化，是否会通过影响公司的融资成本而对资本结构的动态调整产生影响？

此外，诺斯（North）的制度变迁理论指出，制度存在着路径依赖特性。所谓路径依赖，就是具有正反馈机制的体系一旦在外部偶然性时间的影响下被系统所采纳，便会沿着一定的路径发展演进，而很难被其他潜在的甚至更优的体系所替代。即“今天的选择受历史因素的影响”，“人们过去做出的选择决定了其现在可能的选择”[4]。而会计制度也不例外，吴革（2004）[5]，陈蓁（2004）[6]，王保忠、黄解宇、王保庆（2009）[7]，李娟（2009）[8] 等人的研究都发现，我国会计制度的变迁过程也具有路径依赖的特性。那么，我国会计制度变迁的路径依赖性是否在资本结构的动态调整过程中有所体现？

以上问题目前还鲜有学者进行研究。公司资本结构选择问题一直是财务与金融领域研究的重要课题之一，考察资本结构的动态调整也需要在一个较长的时间区间内进行才会更有效，而我国会计制度变迁从开始到现在已经历了20多年的时间，最近的一次变迁也已有10年的时间，会计制度变迁为我们研究资本结构的动态调整提供了一个很好的契机。此外，公司的生存发展与制度生态环境有关，制度环境已成为影响公司发展的重要因素，因此，通过研究会计制度与资本结构的关系，揭示公司融资决策背后的制度内涵，将有助于加深我们对会计制度实施经济后果的理解，使公司在了解制度对资本结构产生影响的基础上，引导其进一步提升制度的适应性，优化财务政策，促进公司目标资本结构的形成；同时也能为会计制度的制定机构进一步修订相关政策提供参考。

1.1.2 研究意义

1. 理论意义

（1）深化了财务理论的内涵。传统财务理论将公司作为市场中众多追求价值最大化的“理性人”，基于对边际效用价值的判断，在均衡市场中选择最优的融资政策。采用这一方法能够解释公司在市场信号的引导下如何选择最优的问题，但在制度环境成为影响经济增长重要因素的情况下，依托市场信号的研究范式难以在新的经济形势下揭示融资决策背后的制度内涵。本书将会计制度变迁与资本结构选择相结合，将有助于深化对资本结构理论内涵的系统性认识。

（2）拓展了资本结构决定制度视角的研究思路。资本结构影响因素研究是资本结构研究的主要内容之一，国内外学者们从公司特征因素、行业因素、制度因素方面对此进行了很多研究，其中制度因素是近几年研究的重点，并形成了一个新的视角——资本结构决定的制度视角。但已有研究多集中在税收制度、破产制度、资本市场和法制体系等几个方面，专门研究会计制度对资本结构选择影响的还很少见。本书针对会计制度对资本结构选择的影响进行研究，从调整速度和调整方式两个方面研究了会计制度对资本结构动态调整的影响，拓展了资本结构决定制度视角的研究思路。

（3）丰富了会计制度变迁经济后果研究内容。制度变迁具有经济后果，会计制度变迁也不例外，目前针对会计制度变迁经济后果的研究主要集中在其对会计信息质量、融资成本、投资行为的影响方面，并且多针对某一次会计制度变迁的效果进行检验。本书将我国历次会计制度变迁纳入研究范畴，分阶段对其产生的经济后果进行检验，并针对其与资本结构动态调整的关系进行研究，在一定程度上丰富了会计制度变迁经济后果的研究内容。

2. 现实意义

（1）揭示公司融资行为。资本结构选择和调整是通过公司融资行为实现的，公司的生存发展与制度生态环境有关，其中会计制度作为资本市场中一项重要的制度，会对公司产生重要的影响。结合会计制度分析公司的融资行为、动机，能更好地通过宏观制度去解释微观行为，进一步深化对公司资本结构调整和选择行为的理解。

（2）为完善会计制度的制定和执行提供经验证据。建立公司财务和制度环境之间的联系，并将这一问题纳入新制度经济学的研究框架，特别在会计制度变迁是否对公司资本结构选择具有决定性影响的问题上进行深入研究和系统论证，为进一步完善会计制度的制定和执行提供了经验证据，具有重要的现实意义。

1.2 国内外研究综述

本书将对会计制度变迁对公司资本结构动态调整的影响进行研究，为了弄清目前的研究现状以便发现现有研究的潜在缺陷和空白，找到未来研究的突破口，本节将分别就会计制度变迁相关研究、资本结构影响的制度因素以及资本结构动态调整研究进行综述。

1.2.1 会计制度变迁相关研究综述

会计制度变迁研究一直以来都是国内外学者们研究的重点，研究主题的分布也比较广泛，涉及资本市场、金融市场、公司治理等，本部分将对与本书研究相关的主题进行详细综述。

1. 会计制度变迁与会计信息质量

会计制度变迁的初衷和主要目的就是为了提高会计信息质量，因此，有关会计制度变迁与会计信息质量之间关系的研究比较多。由于对会计信息质量尚无统一的衡量标准，不同信息使用者对会计信息需求的差异决定了会计信息质量度量标准的多样性。经过归纳总结，学者们大多从盈余质量、会计稳健性、会计信息价值相关性三个角度来衡量会计信息质量，并对会计制度变迁与会计信息质量的关系进行实证检验。

（1）会计制度变迁与盈余质量。国内外学者对会计制度变迁对盈余质量的影响进行了大量的实证检验，但研究结论并不一致。国外学者方面，Barth等（2008）[9]对21个采用IFRS的国家实施前后进行比较，发现使用IFRS的公司比没有使用IFRS的公司具有更高的会计质量，而且公司在使用IFRS之后盈余管理减少，会计信息质量显著提高。Ahmed等（2012）[10]认为基于原则的IFRS仅提供很少的详细指引，管理层有动机去盈余管理和推迟损失的确认。他参照Barth（2008）的研究方法采用没有实施 IFRS 的控制样本进行差异比较，以及利用样本组IFRS实施前后进行比较，结果发现采用IFRS导致了盈余平滑，应计操控增多，损失确认相对于收益确认更不及时。而van Tendeloo等（2005）[11]研究盈余管理是否在实施IFRS之后要比GAAP之前更少时，并没有发现显著差异。国内学者方面，郑赟赟（2011）[12]选用Dechow和Dechiv（简称DD）模型及其修正模型度量上市公司的应计利润质量，对2001年《企业会计制度》和2006年新会计准则两次会计制度变迁对盈余质量的影响进行研究，结果表明两次会计制度的变迁均显著提高了盈余质量。赵耀、乔贵涛、张健（2014）[13]以分年度分行业回归的截面修正Jones模型来度量应计利润质量，探讨2006年新会计准则后盈余质量的变化，研究发现：新准则大幅度引入公允价值计量属性和资产负债观，为会计职业判断和自由选择提供了更大的空间，从而导致盈余信息质量降低。周春梅（2010）[14]采用综合样本而非分行业样本，用扩展的Jones模型计量应计利润质量，对2003～2007年盈余质量进行分析，研究发现我国上市公司盈余质量并没有明显改善，甚至在2007年新准则实施后还出现了一定程度的下滑。

（2）会计制度变迁与会计稳健性。国内外学者对会计制度变迁对会计稳健性的影响也进行了大量的实证检验，也未达成一致结论。国外学者方面，Basu（2007）[15]以美国1963～1990年的上市公司为研究对象，检验了美国会计稳健性时间序列上的变化。Givoly和Hayn（2000）[16]拓展了Basu的研究，选择非经营累积应计项目的符号和大小来对会计稳健性进行度量：累积应计项目金额越小或者为负，则表明会计政策越稳健。他们分析了美国 1950 ～ 1998 年的会计盈余数据的时间序列特征，发现会计稳健性在这 50 年中呈逐渐增强的趋势。Pope 和 Walker（1999）[17]、Giner 和 Rees（2001）[18] 对不同国家实施的企业会计准则进行了比较，结果发现实施英美法系下的企业会计准则比大陆法系下的会计准则具有更高的盈余稳健性。Ball 等（2003）[19] 指出，会计信息的质量高低并不是单纯由会计制度来决定的，而更主要的是由公司的高管人员和注册会计师的决策动机来决定的，日益改进的企业会计准则并不必然导致盈余稳健性的提高，有时企业为了能够真实的反映盈利情况，可能需要降低其盈余稳健性，因此盈余稳健性的降低不一定就表明会计制度的倒退。Mary E. Barth 等（2005）[20] 对由实施 GAAP 转变为应用 IFRS 的 29 个国家 1990 ～ 2004 年间上市公司的财务数据进行了实证研究，判断其分别对盈余稳健性水平的影响，结果发现上市公司应用了 IFRS 能更加及时的确认“坏消息”，增强公司会计盈余的稳健性水平。

我国学者主要通过历次会计制度变迁前后稳健性的对比，来判断稳健性的变化趋势。曲晓辉、邱月华（2007）[21] 研究发现，1993 年会计改革后，我国上市公司的会计盈余并不具有稳健性，1998 ～ 2000 年会计盈余的稳健性水平也并未得到实质性增强。而赵春光（2004）[22]、陈旭东和黄登仕（2006）[23] 的研究却得出 1998 年《股份有限公司会计制度》的实施明显提高了会计稳健性的结论。朱茶芬（2006）[24]、陈旭东和黄登仕（2006）[23] 研究发现，2001 年《企业会计制度》的实施显著提升了上市公司的会计盈余稳健性。对于 2006 年第四次会计制度变迁对稳健性的影响，学者们的结论也不一致。迟旭升、洪庆彬（2009）[25]，李四海、陈榜（2012）[26]，章雁、齐鑫鑫（2014）[27] 研究发现，我国上市公司会计盈余的稳健性有所增强，但幅度不大；刘斌、徐先知（2010）[28]，王丽萍（2011）[29] 却得出新会计准则实施后盈余稳健性显著降低的结论。但也有学者进一步研究发现，很多上市公司整体表现出的盈余稳健性并非真正的稳健性，而是亏损公司“洗大澡”造成的假象，如曲晓辉、邱月华（2007）[21]，王丽萍（2011）[29] 的研究就认为我国上市公司由于退市管制制度导致了亏损时选择稳健，而在盈利时不选择稳健的会计政策。

（3）会计制度变迁与会计信息价值相关性。学者们对会计制度变迁与价值相关性的研究结论也存在不一致。国外学者方面，Clarkson 等（2011）[30] 对欧洲和澳大利亚采用 IFRS 后，账面价值和收益在股价估计中的影响进行了研究，结果发现会计信息的价值相关性得到提高。而 Gastón 等（2010）[31] 利用 2004、2005 年数据研究西班牙和英国实施 IFRS 是否提高会计信息的相关性时，却发现 IFRS 的强制实施降低了相关性。还有学者没有发现 IFRS 能够改善价值相关性。如 Goodwin 等（2008）[32] 研究了澳大利亚实施 IFRS 后会计信息的价值相关性情况，但没有发现 IFRS 要比 GAAP 的相关性更高。我国学者大多针对 2006 年新会计准则的实施对会计信息价值相关性的影响来展开研究。吴水澎和徐莉莎（2008）[33]，崔慕华（2010）[34]，叶建华（2011）[35]，何跃群、范垚璐和苏善江（2014）[36]，顾水彬（2015）[37] 的研究都认为，新准则的实施使每股净资产和每股收益对股价的解释能力提高，即会计信息的价值相关性提高了。而朱凯等（2009）[38]、谭利等（2010）[39] 的研究却发现新准则并没有显著改善会计信息的价值相关性。吴水澎等（2008）[33] 和李瑞良（2011）[40] 认为新准则实施后会计盈余的价值相关性下降而净资产的价值相关性增加，即新准则实施后会计信息的价值相关性总体表现为提高，但一部分会计信息的价值相关性降低，一部分会计信息的价值相关性提高，经济后果是混合的。此外，王跃堂等（2001）[41] 运用会计信息的市场反应对 1998 年股份公司会计制度改革的效果进行检验，并未发现 1998 年会计盈余的价值相关性比 1997 年有所提高。漆江娜、罗佳（2009）[42] 扩大了研究时间区间，利用我国 A 股上市公司 1993 ～ 2007 年 15 年间的数据，对我国资本市场会计信息价值相关性的变动情况进行了检验，结果发现：会计盈余、未预期盈余和净资产等会计信息均具有价值相关性，其中，会计盈余信息的价值相关性比未预期盈余和净资产等信息的价值相关性要高，并且我国资本市场会计信息的价值相关性并没有呈现有规律的提高或降低。

2. 会计制度变迁与融资成本

（1）会计信息质量与融资成本。会计信息质量与融资成本的关系研究一直是国外学者实证研究的热点，并已达成共识。Francis 等（2004）[1]，David A Boody，John Hughes 和 Jing Liu（2005）[43]，Wong（2008）[44] 等人的研究都认为会计信息质量与融资成本负相关，高质量的会计信息能够降低融资成本。

我国学者近几年也对此进行了研究，主要有三种类型：一是专门研究会计信息质量对股权融资成本的影响。汪炜和蒋高峰（2004）[45]、曾颖和陆正飞（2006）[46]、胡海川和张心灵（2013）[47]、宴艳阳和周志（2014）[48]都认为，信息披露质量的提高降低了投资者与公司之间的信息不对称程度，从而降低了股权融资成本。叶康涛和陆正飞（2004）[49]则证明，信息不对称和代理问题都会影响股权融资成本。黎明、龚庆云（2010）[50]研究发现会计信息质量与股票流动性正相关，与权益资本成本负相关。二是专门研究会计信息质量对债务融资成本的影响。于富生和张敏（2007）[51]考察债务融资成本与信息披露质量之间的关系，结果显示二者之间呈显著的负相关关系。于静霞（2011）[52]研究发现，盈余管理程度与企业的融资成本呈正相关关系，盈余管理程度越高，债务融资成本就越高。三是研究会计信息质量对股权融资成本和债务融资成本的影响差异。这类文献的数量非常少，目前仅邱旭蓉（2010）[53]对此问题进行过研究。她首先检验了会计信息质量分别对股权融资成本和债务融资成本的影响，发现会计信息质量与这两个成本都显著负相关；随后通过建立差异性模型来研究会计信息质量对股权融资成本和债务融资成本的影响差异，结果显示，会计信息质量对于股权融资成本的影响要明显大于对债务融资成本的影响。

（2）会计制度变迁与融资成本。国外学者的研究主要集中在会计准则的选择是否能降低融资成本方面。Leuz 和 Verrechia（2001）[54]、Platikanova（2007）[55]、Edward（2008）[56]、Kosi（2009）[57]、Kim（2011）[58]都研究发现，采用 IFRS 能够降低资本成本。但也有学者得出相反的结论，如 Daske（2006）[59]、Daske 等（2008）[60]的检验都不支持强制采用 IFRS 会降低资本成本的结论。

我国学者主要研究会计制度变迁对融资成本的影响，目前的研究主要针对股权融资成本。高芳、傅仁辉（2012）[61]研究发现，会计准则改革显著提高了 A 股公司的股票流动性，降低了股权融资成本。闫华红、张明（2012）[62]、张明（2012）[63]都研究发现，新会计准则实施后，样本公司的会计信息质量出现了显著的上升、股权融资成本出现了显著的下降。孙枭飞、晏超（2015）[64]研究发现，会计准则变革从整体上降低了我国上市公司的股权融资成本，其中会计敏感性高的公司股权融资成本下降更明显。而赵耀、乔贵涛、张健（2014）[13]、罗劲博（2014）[65]的研究则发现会计准则变迁使会计信息质量下降，从而导致了股权融资成本有一定程度的增加。

3. 会计制度变迁路径依赖性研究

诺斯将技术变迁的路径依赖的分析方法运用到制度变迁上，提出了制度变迁的路径依赖理论，并进一步指出制度变迁路径依赖的传递途径和认知根源：首先通过认知层面，经过制度层面，最后达到经济层，即认知和制度的路径依赖将会导致经济的路径依赖，现在的经济结果依存于制度的进化路径，制度变迁的路径依赖具有经济后果。此后，大量学者利用诺斯的制度变迁路径依赖理论对现实经济问题进行分析和解释。如 Bebchuk 和 Roe（1999）[66]、Schmidt（2002）[67]、Randall 和 Lloyd（2005）[68]、Yoshikawa 和 McGuire（2008）[69]、邴红艳（2004）[70]、赵玲（2010）[71]、汤吉军和年海石（2013）[72] 等学者分析了所有制和公司治理中的路径依赖问题；吴敬琏（1995）[73]、王仕军（1998）[74]、佟健和宋小宁（2012）[75] 分析了中国国有企业改革的路径依赖性；赵降英（2003）[76] 分析了股份合作制企业的演进路径；王先述（2012）[77] 则对中国家族企业制度变迁中的路径依赖性进行了分析；皮天雷（2011）[78] 分析了改革开放三十年来中国金融制度变迁中的路径依赖性；杨友才（2015）[79] 分析了制度变迁的路径依赖对长期经济增长率的影响。

专门针对会计制度变迁路径依赖性的研究则比较少，吴革（2004）[5] 指出我国会计制度国际化变迁过程中出现的一系列过渡性的制度安排，如具体会计准则和会计核算制度的并存和有机结合，就是路径依赖性的典型体现。陈蓁（2004）[6]、王保忠、黄解宇、王保庆（2009）[7] 从会计制度制订主体、会计人员和制度背景角度分析了我国会计制度变迁过程中的路径依赖性。张新民、吴革（2007）[80] 指出，我国会计制度国际化的路径选择有着深刻的经济、社会、历史与文化根源，具有明显的边际性、局部性和路径依赖性特征。由此可见，学者们的研究得出一致结论，我国会计制度的变迁存在路径依赖性，但进一步对会计制度变迁路径依赖性产生的经济后果的研究目前仍旧是空白。胡元木、马文爽（2012）[81] 研究了制度变迁的路径依赖性对资本结构调整的影响，但他们主要是针对股票市场制度、债券市场制度与借贷市场制度，没有专门针对会计制度进行研究。

综上所述，检验会计制度变迁对于会计信息质量的影响效果，检验会计制度变迁通过影响会计信息质量对公司融资成本产生的影响，以及对会计制度变迁路径依赖性分析的研究主题占据会计制度变迁研究的主导。但目前的研究存在以下不足。

（1）对会计制度变迁对会计信息质量影响的研究多针对某次会计制度变迁实施的效果进行检验，选取的样本数据也多为制度变迁前后 1 ～ 3 年，研究时间窗口普遍较短，时间跨度不大，样本量也不够充足，这就在一定程度上局限了实证研究的效果，也导致研究结论不能达成一致。研究的内容主要集中在盈余质量、会计稳健性和会计信息价值相关性三个方面，并且多是分别进行检验，对三者同时进行检验的是少之又少。这也是本书将对整个会计制度变迁阶段进行检验分析的原因所在，只有这样才能对各个阶段会计制度实施的效果有一个相对准确的把握，使检验结果更具说服力。

（2）有关会计信息质量与资本成本的研究大多是分别针对股权融资成本和债务融资成本进行的，并且多集中于研究股权融资成本，同时研究这两个成本的文献很少，对二者影响差异的研究更是不多见；大多数文献选择的研究时间区间也都较短，将会计制度变迁的整个过程纳入研究时间范畴的不多，这就为本书的研究提供了很大的空间。

（3）现有研究关注会计制度变迁与会计信息质量，会计信息质量与融资成本，但却很少将会计制度变迁、会计信息质量、融资成本三者之间的影响传导进一步延伸，与公司资本结构调整建立联系，分析其传导的路径与机理。而这就是本书将要研究的重点内容之一。

（4）目前针对会计制度变迁路径依赖性经济后果的研究比较鲜见，因此本书专门研究会计制度变迁路径依赖性对资本结构动态调整的影响就具有非常重要的意义。

1.2.2　资本结构影响因素——制度因素实证检验研究综述

从 MM 理论等现代资本结构理论，到权衡理论、优序融资理论、信号传递理论、代理理论和市场相机抉择理论等新资本结构理论，都旨在从理论上以不同的视角分析哪些因素会对公司资本结构的选择产生影响。而随后出现的大量实证研究则是对这些因素对公司资本结构的实际影响进行检验。就这些因素的层次和类别来看，主要包括微观层面的公司特征因素、中观层面的行业因素和宏观层面的宏观经济因素和制度因素。由于国内外有关的研究文献可谓汗牛充栋，并且样本不同所得到的结果也有一定的差异，基于本书的研究主题，本部分将仅对影响资本结构的制度因素的相关文献研究进行综述。

国内外学者从公司特征因素和行业因素方面进行的大量研究，并不能达成一致结论，也无法解释不同国家之间资本结构存在的显著差异，于是学者们将新制度经济学的相关理论引入资本结构的研究范畴，开始研究制度因素对资本结构的影响。

国外学者率先对此进行了大量的研究，证实了制度因素对资本结构的影响是显著的，他们的研究主要从税收制度、破产制度、资本市场、法制体系和投资者保护等几个方面展开。税收制度方面，Givoly 等（1992）[82]、Rajan 和 Zingales（1995）[83]、Graham（2003）[84]、Grant 等（2007）[85] 认为公司税和个人税都会影响资本结构选择。Fama 和 French（1998）[86] 认为税收会传递某种信息而与债务比例负相关。Fan 等（2008）[87] 证实税收体系对公司资本结构的选择有显著影响。破产制度方面，Rajan 和 Zingales（1995）[83] 研究了 G-7 国家破产法与资本结构的关系，结果发现该因素会影响资本结构选择。资本市场方面，Rajan 和 Zingales（1995）[83]研究发现银行和证券市场的发展状况会对 G-7 国家的资本结构产生影响。Demirgüç-Kunt 和 Maksimović（1998）[88]研究证实："公司的杠杆比率与股票市场的发展负相关，而与债券市场、银行的发展正相关；在发展中国家，大公司随股票市场的发展而增加杠杆，小公司则不明显"。他们在随后的 2002 年又进一步研究发现资本市场银行导向型国家的企业倾向于短期融资，市场导向型的倾向于长期融资，在资本市场发达的国家，企业融资具有从债务融资向权益资本融资转移的倾向。法制体系方面，Demirgüç-Kunt 和 Maksimović（1999）[89] 实证检验了金融和法律制度如何影响公司债务的使用，尤其是债务期限的选择，该研究发现潜在的法律和制度差异能在很大程度上解释不同国家的公司在长期债务使用上的差异。Shleifer 和 Wolfenzon（2002）[90] 发现，在采用习惯法的英、美等国家，企业倾向于使用更多的外部权益资本代替长期债务。Fan 等（2008）[87] 证实法律体系对公司资本结构的选择有显著影响。Giannetti（2003）[91]研究表明，法律体系和金融发展在决定公司融资决策代理问题程度中起着重要作用，研究结果支持了债权人权利和确保更严格实施的制度与更高的杠杆相关的假设。在投资者保护方面，Fan 等（2010）[92] 研究发现投资者保护好的国家的公司倾向使用低的债务水平。

国内对这方面的研究则比较少，近几年部分学者才开始借鉴国外学者的研究方法，对我国制度因素对资本结构的影响进行研究。王志强（2006）[93] 依据2000年我国上市公司的所得税率分布状况，实证分析所得税率或边际所得税率对上市公司债务比率变动程度的影响，结果发现并不显著。王素荣和张新民（2006）[94] 分析了上市公司税负以及各行业的所得税税负与资产负债率的关系，结论是二者存在正相关关系。杨丽彬和陈晓萍（2007）[95] 研究发现企业的债务利用程度与实际所得税率正相关，非债务费用与债务性费用之间亦呈正相关。田高良和赵莉君（2008）[96] 分析表明：企业所得税税率与上市公司长期负债率关系不显著，但与流动负债率显著正相关；资本利得与红利所得税率差异对我国上市公司的资本结构有显著的影响。王跃堂等（2010）[97] 以我国的税收制度为背景，对所得税改革前后的两个样本分析得出我国的税收制度与资本结构选择相关，企业获得的与投资有关的税盾与企业的债务水平负相关。黄明峰、吴斌（2010）[98] 研究发现我国税收政策能够显著影响公司资本结构决策。孙铮、刘凤委、李增泉（2005）[99] 实证分析了地区市场化程度对当地企业债务期限结构的影响。结果表明企业所在地的市场化程度越高，长期债务的比重越低，市场化程度和资本结构呈现显著的负相关关系，进一步分析发现上述差异主要归因于政府对企业干预程度的不同。肖作平（2009）[100] 实证研究发现，市场化程度、政府干预程度、金融市场发育程度、法律制度环境发展程度、产品市场发育程度等制度因素对资本结构的影响是显著的。黄辉（2009）[101] 研究发现我国的破产法适用范围，各地区的法制建设、股市发展程度等制度层面的因素显著影响着企业的资本结构。李自杰、李毅、刘畅（2011）[102] 通过分析中小合资企业的数据，得出规制型制度的变化增大合资企业的战略突变的可能性，从而规制型制度也在一定程度上影响企业的资本结构的决策。蒋俊贤（2013）[103] 研究了投资者保护制度的变革对上市公司融资偏好和资本结构的影响。

综上所述，针对影响资本结构的制度因素，国外学者的研究比较深入，他们的研究主要集中在税收制度、破产制度、资本市场、法制体系和投资者保护等几个方面，国内学者有关制度因素对资本结构的影响研究还比较少，也还不够深入；但不论国内还是国外，专门针对会计制度对资本结构影响的研究还很少见，并且大多是采用截面数据进行实证分析，无法将制度变迁对资本结构的动态影响反映出来，因此，本书选取制度因素中的会计制度，并针对会计制度变迁对资本结构动态调整的影响进行研究就具有重要的意义。

1.2.3 资本结构动态调整研究综述

国内外学者针对资本结构影响因素的实证研究一般都采取静态分析方法，动态分析资本结构的则比较少。随着计量经济学在动态面板数据处理方面的不断发展，学者们开始关注资本结构的动态调整问题，在实证研究方面实现了静态到动态的转变，并取得了一系列的研究成果。

1. 验证动态资本结构理论

Fischer、Heinkel 和 Zechner（1989）[104] 第一次构建了动态资本结构决定模型，用公司特征的差异去反映最优动态资本结构调整政策，发现由于调整成本存在，实际资本结构总是会偏离最优值。但长期来看，公司会权衡调整成本和负债融资的利弊，不断令其资本结构向最优水平调整。此后，Fama 和 French（2002）[105]、Roberts（2002）[106]、Frydenberg（2003）[107]、Flannery 和 Rangan（2006）[108] 等人也都研究发现，与权衡理论相符，公司的确在不断调整其资本结构达到一个目标水平，并且这个目标水平是由公司特征决定的并随着时间推移而发生变化，而不是一个固定的负债比率或者行业杠杆均值。Hovakimian（2001）[109] 专门研究了资本结构动态调整的方式，发现只有债务减少是弥补实际资本结构偏离目标资本结构的动力，而债务发行、权益发行和权益回购达不到应有的效果。

国内方面，陆正飞和高强（2003）[110] 对深市上市公司进行问卷调查，结果显示 88%的样本公司认为应该设定一个“合理”的目标资本结构，而在这些公司中，又有 44%的公司目前的负债率未达到自己认为的“合理”资本结构区间。这表明我国上市公司的确存在着一个目标资本结构。此外，丁培嵘和郭鹏飞（2005）[111]，孔爱国和薛光煜（2005）[112]，王正位、赵冬青、朱武祥（2007）[113]，郭鹏飞和孙培源（2003）[114]，张超（2011）[115] 等学者也发现我国上市公司的确存在目标资本结构，并且会向其目标值进行调整。但不同的研究选取的目标资本结构存在一些差异，有的以行业资本结构的均值作为目标资本结构，而有的则以公司的历史平均负债率作为目标资本结构。

2. 基于动态模型的目标资本结构研究

国外方面，Banerjee、Heshmati 和 Wihlborg（2000）[116] 是最早利用动态调整模型和面板模型方法研究资本结构问题的探索者中的三位。他们发现，一般而言，企业的资本结构是偏离其目标资本结构的，企业向目标资本结构的调整速度非常缓慢，并且首次强调了被学者们所忽视的调整成本这一问题。Goldstein、Ju 和 Leland（2001）[117] 推导出以 EBIT 为出发点的动态资本结构模型，并对资本结构调整设有上、下限，发现未设限的目标负债比率过高，而设有上、下限的资本结构调整则符合实际平均负债比率，且设有上、下限目标资本结构的公司所得税利益较大，风险较低。Titman 和 Tsyplakov（2007）[118] 将破产成本、财务困境成本和交易成本纳入资本结构动态调整模型中，研究了财务困境成本、债权和股权的代理成本的相互作用以及二者对资本结构动态调整能力的影响，发现对于陷入财务困境的公司而言，其代理成本远没有财务困境成本重要，因而陷入财务困境的公司和较少债权人与股东利益冲突的公司会更快地调整其资本结构。公司在不确定的环境下会延迟融资决策使得调整速度放缓，公司在股价增长超过现金流增长时有发行权益的倾向。

国内方面，王皓和赵俊（2004）[119] 采用了 Banerjee、Heshmati 和 Wihlborg（2000）[116]，Hans Lŏŏf（2004）[120] 的动态资本结构模型，样本选取深沪股市 720 家上市公司 1997 ～ 2001 年的数据，研究发现动态模型较静态模型有较高的解释能力，且可以对资本结构调整速率进行估计。他们还发现目标资本结构与成长率和公司规模正相关，而与盈利性和非债务税盾负相关；中国上市公司大多负债不足，现实资本结构偏离目标值很远，调整速度非常慢。肖作平（2004）[121] 利用我国非金融上市公司 1995 ～ 2001 年的面板数据，运用部分调整的动态模型，从动态角度分析了公司特征因素对资本结构选择的影响。他的研究发现，公司特征因素中的公司规模、资产的有形性和独特性与目标杠杆正相关，而公司成长性、资产流动性与目标杠杆负相关；同时发现交易成本是影响资本结构选择的一个因素，且我国的交易成本大于美国、英国等发达国家。童勇（2004）[122] 通过引入资本结构动态调整框架，利用 249 家公司 1997 ～2003 年的数据进行实证分析，也发现了我国上市公司在动态调整资本结构方面存在很大的交易成本。

连玉君等（2007）[123]采用动态调整模型分析了我国上市公司资本结构的动态调整机制，发现我国上市公司的资本结构是随着外部环境和公司内部经营状况的变化而不断调整的。相对于发达国家，我国上市公司的资本结构整体上低于最优水平，公司在资本结构的调整过程中面临着较高的调整成本。郝以雪、阮萍（2013）[124]利用2001～2010年上市公司面板数据、动态面板中的系统动态面板广义矩方法、OLS方法，研究发现我国上市公司存在目标资本结构行为，其向目标资本结构调整行为并不是机械均值回归造成的；我国上市公司的融资行为能够体现其目标资本结构的存在，目标资本结构行为可通过融资行为来验证。

3. 资本结构的调整速度及其影响因素

目前的研究发现，资本结构的调整速度主要受公司特征因素、行业因素和宏观经济环境的影响。

公司特征因素方面，公司规模（Jalilvand和Harris，1984[125]；Banerjee，Heshmati和Wihlborg，2000[116]；Byoun，2005[126]；Heshmati，2002[127]；Christopher F Baum等，2013[128]；丁培嵘和郭鹏飞，2005[111]；童勇，2006[129]；连玉君和钟经樊，2007[123]）、成长性（Banerjee、Heshmati和Wihlborg，2000[116]；Heshmati，2002[127]；童勇，2006[129]；连玉君和钟经樊，2007[123]）、盈利能力（Byoun，2005[126]；Heshmati，2002[127]；童勇，2006[129]）不同，资本结构的调整速度也不同；此外，偏离最优负债比率的距离（Heshmati，2002[127]；童勇，2006[129]；连玉君和钟经樊，2007[123]）、资本结构调整的方向（王正位、赵冬青和朱武祥，2007）[113]、上期调整速度（屈耀辉，2006）[130]、分配制度和市场账面比率（Byoun，2005）[126]、股票价格（Jalilvand和Harris，1984）[125]、大股东持股比例、收益波动性和贷款利率（童勇，2006）[129]也会影响资本结构的调整速度，而上市时间长的公司其资本结构的调整速度要慢一些（Pittman和Klassen，2001）[131]。黄辉（2010）[132]还发现公司声誉对资本结构调整速度没有显著影响。

行业因素方面，Antoniou等（2002）[133]研究发现，英国、法国、德国的企业向目标资本结构的调整速度主要取决于企业属于制造业还是服务业。丁培嵘和郭鹏飞（2005）[111]、严浩军（2006）[134]、连玉君和钟经樊（2007）[123]、陈必安（2009）[135]对我国上市公司资本结构的调整进行了研究，得到一致的结论，即公司的资本结构调整速度存在显著的行业差异性。丁培嵘和郭鹏飞(2005)[111]还发现行业均值稳定性也能显著地影响资本结构的调整速度。

宏观经济环境方面，学者们研究发现，企业所处的环境是企业调整资本结构的主要驱动因素（Tucker 和 Stoja，2007）[136]。具体来说，一个国家金融结构的规模、资本市场的发展状况以及税收体系（Lŏŏf，2004）[120]、股东投资保护和高效率的执法系统（Wanzenried，2006）[137] 都对调整速度有影响。此外，经济周期（Levy 和 Hennssy，2007）[138]、利率、货币供应量（Jalilvand 和 Harris，1984 [125]； Banerjee、Heshmati 和 Wihlborg，2000 [116]）通货膨胀率和经济增长速度（Wanzenried，2006）[137]、市场经济环境（Cook 和 Tang，2009 [139]； Cook 和 Tang，2010 [140]）等经济因素也是影响公司资本结构调整速度的因素。我国学者也研究发现，宏观经济不仅影响公司的目标资本结构，还对我国上市公司资本结构调整速度有显著影响，宏观经济繁荣时，公司资本结构的调整速度快（何靖，2010）[141]。市场化程度及其变化对资本结构动态调整也有影响（姜付秀、黄继承，2011）[142]：市场化程度越高，资本结构的调整速度越快，且从市场化进程的动态角度来看，市场化程度提高得越快，资本结构的调整速度也越快。产品市场竞争越激烈，公司趋向目标调整资本结构的速度也越快（黄继承、姜付秀，2015）[143]。经济周期和公司资本结构的调整速度正相关（聂文忠、雒敏，2013）[144]。区域性差异（麦勇，2011）[145] 也是影响资本结构调整速度的因素之一，不同区域间资本结构的调整速度存在差异。区域金融发展水平与资本结构调整速度呈现倒“U”型的关系，与金融发展水平的变化呈负相关的关系（李思存，2013）[146]。近几年，学者们多从货币政策（朱雁春，2014 [147]；宋献中、吴一能、宁吉安，2014 [148]；邹萍，2015 [149]）、法律环境（黄继承、朱冰、向东，2014）[150] 方面研究其对资本结构调整速度的影响，发现货币政策宽松时期公司资本结构调整速度均快于紧缩时期，法律环境与资本结构调整速度显著正相关。

另外，还有学者从调整成本的角度来分析资本结构的调整速度。Faulkender 等（2007）[151] 研究发现，有着财务约束的公司的调整速度要慢一些。Heshmati（2002）[127]发现企业减少其偏离最优负债比率的距离的速度，取决于调整杠杆的成本大小。黄辉（2010）[132]，卢斌、曹启龙、刘燕（2014）[152] 发现融资约束与资本结构调整速度显著负相关。

综上所述，国内外学者从动态角度分析资本结构选择的研究主要集中在验证动态资本结构理论、基于动态模型的目标资本结构研究、资本结构的调整速度及其影响因素三个方面。从动态的角度对资本结构进行的研究为我们打开了一个新的视角，其中影响资本结构动态调整速度的因素主要集中在公司特征因素、行业因素和宏观经济环境方面，专门研究会计制度对动态调整速度影响的文献尚属空白。

1.3 研究的主要内容及研究方法

1.3.1 研究的主要内容

通过前文对国内外有关会计制度变迁、资本结构影响的制度因素及资本结构动态调整相关文献的梳理，我们发现专门研究会计制度对资本结构及其动态调整速度和调整方式影响的文献尚属空白，更多的文献集中在会计制度变迁对会计信息质量的影响以及会计信息质量对融资成本的影响方面，鲜有学者将会计制度变迁、会计信息质量、融资成本三者之间的影响传导进一步延伸，与公司资本结构动态调整建立联系，分析其传导的路径与影响机理。因此，本书将以此作为研究的主要内容。

在考虑数据获得性和有效性等因素的基础上，本书以我国会计制度变迁第二、第三和第四阶段（1998 ～ 2014）为研究窗口，基于信息不对称理论和委托代理理论，从会计制度、会计信息、公司融资行为的关系入手，理清了会计制度与公司资本结构的基础关系，并结合制度变迁理论和资本结构动态调整理论，从调整速度和调整方式两个方面剖析会计制度变迁对资本结构动态调整产生影响的路径与机理，最后根据上述影响机理描述的路径，采用实证研究的方法，对该机理在我国的适用性和实际效果进行实证检验。

根据机理描述的影响路径，实证检验主要分为三部分，这三部分实证检验层层递进，环环相扣：首先，对我国会计制度变迁对会计信息质量的影响效果进行检验；其次，检验会计制度变迁背景下，会计信息质量对股权融资成本和债务融资成本的影响差异，以及随着会计信息质量的变化，影响差异的变化；最后，对会计制度变迁对公司资本结构动态调整速度及调整方式分别进行检验，并对融资成本在其中发挥的中介作用进行检验。

1.3.2　研究方法

本书采用规范研究和实证研究相结合的方法，在规范研究会计制度变迁对公司资本结构调整的影响机理的基础上，采用实证研究方法对影响机理进行了检验，并在研究结论后提出政策建议。

根据研究内容情况，本书具体使用了如下方法。

（1）在第 2 章会计制度与资本结构基础关系分析和第 3 章机理分析部分，主要采用规范研究中的归纳演绎方法，结合基本概念和相关理论的分析，从会计制度、会计信息、融资行为的关系剖析入手，理清会计制度与公司资本结构的基础关系，并结合制度变迁理论和资本结构动态调整理论，从调整速度和调整方式两个方面剖析会计制度变迁对资本结构动态调整产生影响的路径与机理。

（2）在实证检验部分，采用描述性统计、多元回归分析和系统 GMM 方法，针对不同的检验内容，选择与设计合适的计量模型，筛选恰当的模型变量，对我国会计制度变迁对会计信息质量、会计信息质量对融资成本以及会计制度变迁对公司资本结构的动态调整速度及方式进行了检验和分析。

1.4　研究框架及技术路线

1.4.1　研究框架

本书共 7 章，各章主要内容如下。

第 1 章，绪论。本章主要介绍本书的研究背景及意义、国内外研究综述、研究的主要内容及研究方法、全文的研究框架。

第 2 章，会计制度与资本结构基础关系分析。本章首先对相关基本概念：制度及其功能、会计制度及其功能、资本结构及资本结构调整等进行界定；其次分析会计制度与会计信息的关系；最后，基于信息不对称理论和委托代理理论分析会计信息与公司融资行为之间的关系，从而理清会计制度与公司资本结构的基础关系。

第 3 章，会计制度变迁影响公司资本结构动态调整的机理分析。本章首先对制度变迁及其路径依赖性进行分析，在此基础上对我国会计制度变迁过程进行梳理，并对会计制度变迁的路径依赖性进行分析。其次，在对资本结构基本理论的主要内容进行梳理和分析的基础上，分析资本结构的动态调整理论及动态分析资本结构的模型——动态调整模型。最后，结合会计制度与资本结构的基础关系分析以及资本结构动态调整理论，从调整速度和调整方式两个方面剖析会计制度变迁影响公司资本结构动态调整的机理。

第 4 章，理论分析与研究假设。根据第 3 章会计制度对资本结构动态调整影响机理的分析，可以得出会计制度变迁影响资本结构动态调整的路径：会计制度变迁通过影响会计信息质量，进而影响融资成本，最终对公司资本结构的动态调整速度及调整方式产生影响。本章根据该影响路径，通过理论分析，从会计制度变迁对会计信息质量的影响、会计信息质量对融资成本的影响差异、会计制度变迁对资本结构动态调整速度及调整方式的影响三个层次分别提出研究假设。

第 5 章，研究设计。为检验第 4 章提出的研究假设，本章对本书的研究时间区间、研究样本的选择和数据来源进行说明，并对三个层次实证检验的相关研究变量以及研究模型等进行设计。

第 6 章，实证检验与结果分析。本章利用第 5 章的研究变量和研究模型对第 4 章提出的研究假设进行实证检验，并对检验结果进行分析，从而判断第 3 章影响机理的合理性和在我国的适用性。

第 7 章，结论与展望。本章概述了本书的主要研究结论、研究创新点，探讨了本书的研究启示及政策建议，并指明了本研究的局限及未来研究的方向。

全文的框架结构如图 1.1 所示。

1.4.2 技术路线

按照上述研究内容，本书按照研究基础、机理研究、实证检验和研究结论形成了四个研究层次。总体研究的技术路线如图 1.2 所示。

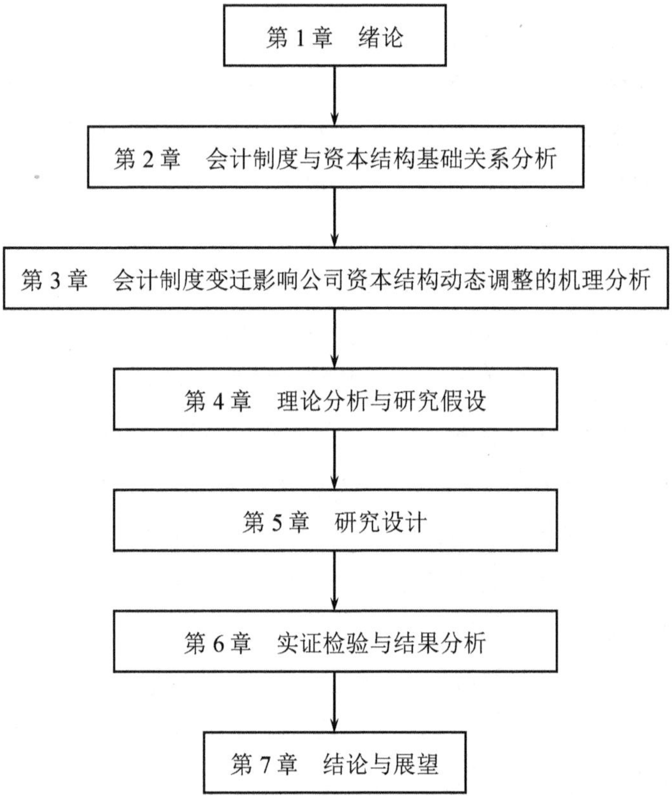
第1章　绪论
第2章　会计制度与资本结构基础关系分析
第3章　会计制度变迁影响公司资本结构动态调整的机理分析
第4章　理论分析与研究假设
第5章　研究设计
第6章　实证检验与结果分析
第7章　结论与展望

图1.1　研究框架图

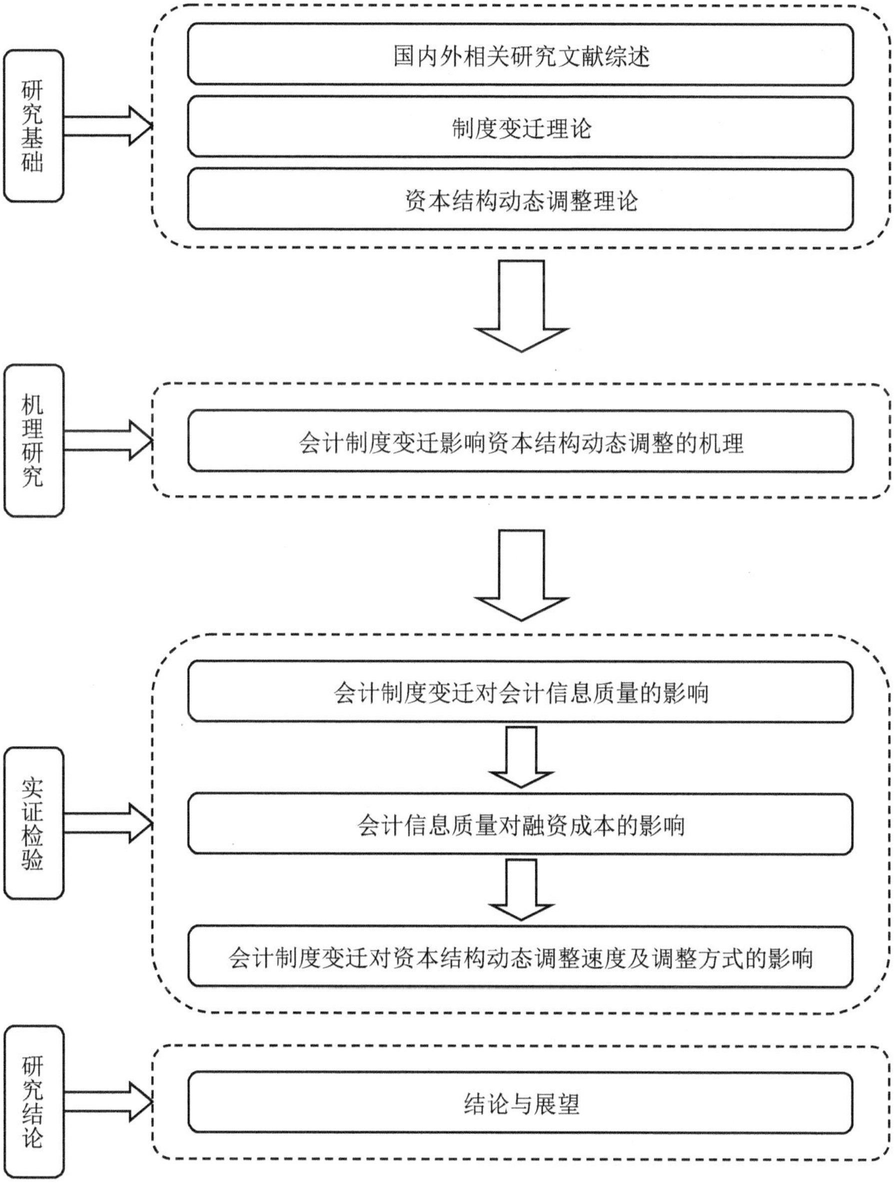

图1.2　总体研究的技术路线

第2章

会计制度与资本结构基础关系分析

要研究会计制度变迁对公司资本结构动态调整的影响机理，需要理清会计制度与资本结构变量之间的基础关系。会计制度是制度学和会计学的结合，资本结构则属于财务学中融资的范畴，两者分属不同学科。会计制度对公司资本结构的影响研究与分析需要从制度、会计和融资三个方面进行。因此，本章首先对相关基本概念：制度及其功能、会计制度及其功能、资本结构及资本结构调整等进行界定；其次分析会计制度与会计信息的关系；最后，基于信息不对称理论和委托代理理论分析会计信息与公司融资行为之间的关系，从而理清会计制度与公司资本结构的基础关系，这将有助于我们理解会计制度变迁对公司资本结构动态调整产生影响的内在机理。

2.1 基本概念界定

2.1.1 制度及其功能

1. 制度的界定

尽管在经济学中对制度这个概念的使用频率很高，但是不同的经济学流派，甚至同一流派的不同经济学家赋予制度的含义却并不完全一致。如凡勃伦认为，制度就是个人或社会对有关的某些关系或某些作用的一般思想习惯。换言之，制度无非是一种广泛存在着的社会习惯[153]。康芒斯认为，制度就是集体行动控制个人行动的一系列行为准则或规则。新制度经济学派在吸收、接纳旧制度经济学派关于制度的有益成果的基础上对制度的内涵作了更具有现实性和具体化的研究。新制度经济学的代表人物之一道格拉斯·C·诺斯在其代表作《制度、制度变迁与经济绩效》《经济史上的结构和变革》等著作中，系统阐述了制度和制度变迁。他认为制度是“一系列用来建立生产、交换与分配基础的基本的政治、社会和法律的基本规则”（D. C. North，1971）[154]；“制度规定了个人的选择集合。按照这个定义，制度可分为正式及非正式制度。正式制度，如法律、合同、产权等，它的特点是具有法律上的可执行性，它往往是由政府部门、正式组织及具有行为权的个人设定的。它的实施是建立在非正式制度基础上的。非正式制度包括信念、道德、习俗及意识形态等，它往往是一个社会文化的一部分，它的形成是人们在长期的生产实践中所积累的精神财富的一部分，它一般对人们的行为不具有强制约束力”（D. C. North，1981）[155]。即制度是一个社会的游戏规则，或者更正式地说，它们是人们设计出来调节人们相互关系的一些约束条件。

马克思主义政治经济学对制度的认识与制度经济学家等人的认识有所不同。马克思认为，对制度的研究，首先要分析作为整个社会经济基础的生产力及与之相适应的生产关系，然后才能对建立于此基础的道德和法律等上层建筑的性质作出合理的解释和说明。他从生产力的发展导出第一层次的制度起源，即社会生产关系的形成过程，进而又从社会生产关系中不同集团和阶级的利益矛盾和冲突出发，从社会生产关系中导出第二层次的制度起源，即包括政治法律制度和意识形态等在内的上层建筑。他认为，完整的社会制度是由经济基础和上层建筑两个相互联系的层次组成的，经济基础决定上层建筑，上层建筑又反作用于经济基础。制度的形成是一定生产关系以及与这种生产关系相适应并维持这种生产关系的社会机构和规则确立的过程，制度的本质就是在社会分工中对不同集团、阶层和阶级之间的利益关系进行协调。马克思对制度的解释实际已形成了一个具有严密逻辑的理论体系。

显然，马克思主义政治经济学中的制度要从经济基础和上层建筑两个方面去理解。他区分了这种作为经济基础的制度和作为上层建筑的制度，制度经济学家则没有这种区分，他们把各种制度纳入一个大的制度体系，并把它们相提并论和等量齐观。

综上所述，对制度作如下界定：制度就是激励和约束个人与组织行为的规则，以满足个人和组织效率最大化的目标需求，并达到资源的最优化配置。它既可是具体的、单一的制度安排，又可是整个的、总和的制度安排；它既包括社会的政治法律制度和意识形态等成文的规则（正式制度），也包括社会中的人们约定俗成的风俗习惯（非正式制度），它以现实的社会经济关系为基础，并反映现实的社会经济关系的发展和变化。

2. 制度的功能

最早对制度的功能进行揭示的是新制度经济学的创始人科斯。他发现了交易费用并认为企业制度之所以代替市场就是因为它可以用一个要素所有者之间的长期交易（契约）代替一系列短期市场交易（契约）从而节省交易费用。因此，他认为降低交易费用是制度的一项重要功能。德姆塞茨指出，制度具有两项重要功能，即提供有效信息以帮助人们形成合理的预期和外部性内部化。舒尔茨认为，制度具有五种功能，即提供便利、降低交易费用、提供信息、共担风险和提供公共品（服务）。威廉姆森认为，契约安排和治理结构的目的就是为了抑制机会主义行为和降低交易费用[156]。诺斯认为制度具有外部性内部化的激励功能和减少不确定性的功能。林毅夫认为制度具有安全功能和经济功能。

对以上新制度经济学家有关制度功能的论述加以总结，可以发现学者们对制度究竟包含哪些功能并没有形成统一的认识。根据前文对制度概念的界定，我们认为“激励”和“约束”是制度的两个核心功能，而以上学者对制度功能的描述其实是对这两大核心功能的具体化。“激励”功能是通过提供有效信息以形成合理预期、外部性内部化和降低交易费用等功能实现的，“约束”功能则是通过抑制机会主义行为实现的。只有“激励”和“约束”，个人和组织的活动才会“合乎社会的需要”，才会有资源配置效率的改善和经济的增长。

（1）抑制机会主义行为。人都具有利己的本能，都具有投机取巧，为自己谋取最大利益的行为倾向。而制度规定了人们行动的范围与人们操作层面的选择空间，即将人们各种行为的限度以正式或非正式的方式确定下来，在规定限度内活动，人们可以获得某种权利或好处，而超过规定限度的边界则会依据违规行为程度的大小受到惩罚或付出代价。因此，理性经济人往往会遵循制度的规定，在制度限定范围内从事经济活动。由此，制度有助于抑制人的固有本能，增加逃避义务的风险和增强互利合作的收益，约束人的机会主义行为。

（2）提供有效信息，形成合理预期。人的理性是有限的，每个人收集信息的渠道和处理信息的能力都不一样。由于信息的不完备，人们很难正确预料未来行动的后果，而恰当的制度安排则可以缓解信息和知识的不完全，保证人们提供符合规范的有效信息，使人们能够在复杂多变、充满不确定性的环境中，合理预测他人在制度约束下的行为，从而增加人们对未来预期的把握，降低决策风险。即人的行为在制度框架内才具有可预知性。

（3）外部性内部化。外部性也称为溢出效应，是指一个人或一群人的行为和决策使另一个人或另一群人受损或受益。在交易费用大于零的情况下，双方不可能通过自愿的交易将外部性内部化，只能通过制度（或政府干预）提高外部性的实现成本（负外部性）或降低外部性的实现成本（正外部性），将外部性内部化，使得私人收益接近社会收益。

（4）降低交易费用。科斯在1937年提出了交易费用的概念，他指出交易费用是一定社会关系中，为达成一笔交易所需花费的成本，包括时间成本与货币成本。具体包括获取信息、谈判、协调、签约以及合约执行监督等等活动所需花费的成本。而制度的作用在于降低交易费用。实际上，制度之所以能够降低交易费用，是因为制度抑制了人的机会主义行为和提供了有效的信息以形成合理的预期，从而减少了不确定性，降低了信息获取的成本，减少了交易的摩擦。

2.1.2　会计制度及其功能

1. 会计制度的界定

根据前文对制度涵义的界定，会计制度可以理解为制约会计行为人及利益相关者的所有与会计有关的规则，并且我们通常所说的会计制度仅指正式制度，而不包括非正式制度。根据会计制度具体涵义的边界的大小，其又可分为广义会计制度和狭义会计制度两种。

广义会计制度是指由会计事务监管部门以及会计准则制定机构所发布的所有会计规范文件的总称。《中国人民共和国会计法》指出，“国家实行统一会计制度，国家统一会计制度由国务院财政部门制定并公布”；“国家统一会计制度，是指国务院财政部门制定的关于会计核算、会计监督、会计机构和会计人员以及会计工作管理的制度”。因此，在我国，广义的会计制度主要是指“国家统一会计制度”，具体包括会计核算制度、会计监督制度、会计机构及其会计人员管理制度、会计工作管理制度等。而狭义会计制度指的则是会计核算制度，主要包括会计准则、行业会计制度、企业会计制度等，会计准则又包括基本会计准则和具体会计准则。正如江友三（1984）[157]认为的，“所谓会计制度，是每一会计主体进行会计管理的会计核算组织体系。它规范会计核算工作的内容、形式、原则、方法和程序，是会计工作必须遵循的“准绳”。徐政旦等（1996）[158]认为，会计制度是对进行会计工作的规则、方法和程序所制定的规范性文件。廖洪教授也认为，会计制度就是处理会计业务所必须遵循的规则、方法和程序的总称，是从事会计工作的规范和标准。而需要特别指出的是，本书所研究的会计制度指的是狭义的会计制度。

2．会计制度的功能

（1）规范会计人员行为，抑制公司机会主义行为。会计制度对会计工作中经济业务的确认、计量、记录和报告等制定了严格、统一的标准，在规范会计人员行为的同时，也给违规操作的行为制定了相应的惩罚，从而促使会计人员严格按照会计制度的规定处理会计业务。同时，会计制度虽然直接规范的是会计工作，但公司经济行为如果与会计制度有抵触，自然会受到来自会计人员的回绝，从而会计制度对公司经济行为具有间接规范作用，可以抑制公司的机会主义行为。

（2）保证会计信息质量，减少不确定性。会计制度是对具体会计实务的制约，它对会计信息的质量要求也提出了明确的规定，从而能够保证公司所提供会计信息的质量，并使不同公司之间的信息具有可比性，使人们能够依据会计信息对公司未来经济行为进行合理的预期，从而降低不确定性，减少决策风险。

（3）降低交易费用。国家统一会计制度的确立，既通过会计人员共同遵守的规则，保证了会计信息的质量，同时，会计制度作为会计工作中的共同信息，具体规范了会计行为，从而减少了各个会计人员独自寻求公认会计规则的时间和费用，自然有助于降低交易费用。此外，会计制度作为一种共同知识，它的存在也降低了经济活动中各利益相关者为达成某种契约必须发生的会计信息收集成本和使用成本，因此，会计制度是为了缓解代理冲突，降低交易费用的一种制度安排。

2.1.3　资本结构及资本结构调整界定

资本结构又称融资结构，是公司各种资金来源的构成及比例关系。公司的资金主要来源于三个部分：公司自有资金，是公司在生产经营过程中不断积累形成的；债务资金；股权资金。债务资金主要是指来自于银行、非银行金融机构的贷款等融资活动的资金。股权资金则主要是指上市公司进行的首次上市募集资金、配股和增发新股等融资活动的资金和非上市公司自行寻找特定的投资人，吸引其增资入股公司的资金。从资金的来源来看，自有资金属于内源融资，而债务和股权资金都属于外源融资。所谓内源融资就是依赖于公司内部，主要是公司经营所产生的自由现金流量，而外源融资主要是从公司外部的资本市场或金融市场获取的资金。从资金的性质来看，相对于债务资金来说，自有资金和股权资金属于权益资金。

本书重点研究的是由于外源融资渠道中股权资金和债务资金的不同比例而形成的不同的资本结构，并用资产负债率，即负债占总资产的比重来表示。此外，获取股权资金的股权融资方式主要包括通过公开发行股票融资（首次发行股票和随后的增发、配股等）以及私募股权融资等，获取债务资金的债务融资方式主要包括银行借款、商业信用、短期融资券、企业债券、可转换债债券、资产支持证券等。本书的研究把每一类融资方式看做同质的，着眼于总体的股权资金和债务资金进行分析，不再区分每一类别中各种不同融资方式的具体差异。

公司资本结构的调整包括存量调整和流量调整两方面。存量调整即在不改变现有资产规模的基础上，根据目标资本结构的要求，对现有资本结构进行必要的调整；而流量调整则是通过改变总资产的方式进行资本结构的调整，其又可分为增量调整和减量调整。但总体而言，资本结构的调整主要是流量调整，并且最主要是其中的增量调整。因此，本书后续将要研究的公司资本结构的调整主要是指公司再融资时，对外源融资渠道中股权融资方式和债务融资方式进行选择，并对股权资金和债务资金在整个资金中的比重进行权衡，最终形成公司的实际资本结构，完成向目标资本结构的调整。实际上，优化公司资本结构本来就是公司融资（是否融资以及融资的数量和方式）的目的之一。

2.2 会计制度、会计信息与公司融资行为

2.2.1 会计制度与会计信息

会计是一个经济信息系统，通过对公司经济业务的原始信息进行加工处理，提供其财务信息和其他经济信息，以帮助信息使用者做出决策和判断。会计信息系统的基本结构如图 2.1 所示。

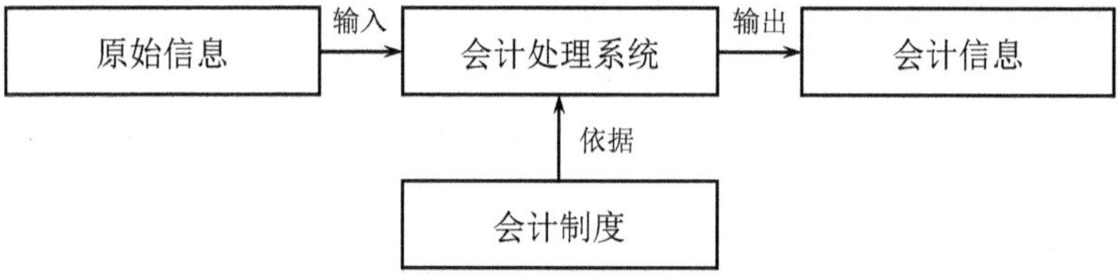

图2.1　会计信息系统的基本结构

会计借助于货币计量的方式，通过确认、记录、计量与报告等会计环节，对公司发生的各项经济业务和事项进行整理和加工，生成会计信息，为信息使用者提供信息服务。而加工和处理信息的主要依据则是会计制度。会计制度是会计工作的前提与基础，会计信息加工行为受到会计制度的约束与指引，只有按照会计制度规定的会计处理程序、处理方法以及信息披露的程序、方式进行确认、记录、计量与报告，才能形成合格规范的会计数据与会计信息，这也是会计制度的功能所在。因此，会计制度会直接影响会计信息，会计制度的变化也会直接导致依据其生成的会计信息发生变化，会计制度水平的高低也会对会计信息质量的高低产生影响。

2.2.2 信息不对称、委托代理与公司融资行为

如前文所述，公司资本结构的选择实际是通过融资行为来实现的，通过对股权融资方式和债务融资方式以及股权融资规模和债务融资规模的权衡，最终形成公司的资本结构，即资本结构是融资行为的结果，对融资行为会产生影响的因素就会间接对资本结构产生影响。因此，下文将对公司融资行为进行基本分析，并对融资过程中普遍存在的信息不对称和委托代理问题对公司融资行为的影响进

行分析。

1. 公司融资行为

在公司财务管理中，融资即筹资，是指公司从自身生产经营现状及资金运用情况出发，根据经营策略与发展需要，经过科学的预测和决策，通过一定的渠道，采用一定的方式，利用内部积累或向公司的外部资金提供者筹集资金，以保证正常的生产经营需要的经济行为。

公司的融资方式有多种，如可通过吸收直接投资、发行股票、发行债券、银行借款和融资租赁等多种方式进行融资。按时间进行划分，又可将融资划分为长期融资和短期融资。长期融资的方式主要有两类：一类是长期负债（债权人权益），包括长期借款、长期债券、融资租赁等；另一类是所有者（股东）权益，包括所有者投入资本、股票、留存收益等。短期融资方式即企业的流动负债，具体包括短期借款、短期债券、商业信用等。其中，商业信用又包括应付票据、应付账款、预收账款等。按融资资金的来源，又可将融资分为内源融资（内部经营积累）和外源融资（发行债券和发行股票等）。

无论是哪种融资方式，也不论是隶属于哪种融资分类标准下，公司作为资金的筹集者和使用者，都不可能无偿的获得资金和使用资金，都必须付出一定的代价，这个代价就是融资成本。融资成本主要包括资金筹集费用和占用费用两部分。资金筹集费用是指融资过程中发生的费用，如律师费用、资产评估费用、投资银行承销费用、广告费用等；资金占用费用包括资金的时间价值和投资者要求的风险报酬，如股息、红利、利息等。而融资成本的高低则是决定公司应当采取何种融资方式以及确定融资规模的一个重要因素。

而融资成本的高低主要受两类因素的影响：各种影响融资成本的风险因素和公司的未来盈余状况。资金提供者会通过衡量公司的这两类因素，来确定自己提供资金所要求的报酬率，而这个报酬率对于公司而言便是它的融资成本的主要构成部分。根据资本资产定价模型，影响资产定价的关键因素是风险水平，投资者所承受的风险越大，投资报酬率就越高。而风险水平的确定与投资者所获取的信息密切相关，则投资报酬率和信息也就密切相关，投资者了解的有关公司的信息越少，其承受的风险就越大，希望得到的风险补偿就越大。此外，投资者对公司未来现金流或盈余水平的预期也会影响其对公司风险水平的判断，进而影响其所要求的报酬率的确定，而未来现金流或盈余水平的预期往往依据公司过去的财务状况和会计信息来判断。因此，公司融资成本的高低与公司信息的透明度密切相关，公司披露的信息越多，信息质量越高，投资者对公司风险的预测和未来现金流和盈余水平的预测就越准确，融资成本中的风险溢价部分就越小，所要求的投资报酬率也就越低，融资成本也相应降低。

2. 信息不对称与公司融资行为

（1）信息不对称理论。信息不对称是指在交易中，交易双方拥有的信息非对称分布，一方不具备或不完全具备另一方所拥有的信息。信息不对称是由肯尼恩·阿罗最早提出的，此后乔治·阿科勒夫对它做了进一步阐述。1970年阿科勒夫对旧车市场上的“柠檬问题”进行了研究。他指出由于买主与卖主对旧车质量信息存在不对称，卖主更了解汽车的实际情况和未来收益，因此可能会产生逆向选择，买主对任何想购买的旧车都予以低估价，这样低平均价格驱使好车不愿意在市场上出售，产生所谓的“劣币驱除良币”，从而使旧车市场不能有效运转，出现“柠檬市场”。

信息不对称按照发生的时间不同可以分为两种类型：逆向选择与道德风险。发生在交易达成之前称为逆向选择，而发生在交易达成之后则称为道德风险。逆向选择是指交易双方在信息非对称的情况下，拥有信息优势的一方，在交易中总是趋向于做出尽可能地有利于自己而不利于别人的选择，如采用欺骗等机会主义行为损害信息劣势一方。这种情况下，市场配置是缺乏效率的，也称为事前的机会主义行为。道德风险则是指交易契约签订之后，由于信息非对称，委托人无法观察代理人的行动，代理人会享有自己行为的收益，而将成本转嫁给委托人，即采取满足个人利益最大化而有损委托人利益的行为，这称为事后机会主义行为。道德风险的存在不仅使得处于信息劣势的一方受到损失，而且会破坏原有的市场均衡，导致资源配置的低效率。

信息不对称理论认为，解决信息不对称有两个途径：信号发送和信息甄别。信号发送是指拥有更多信息的一方通过采取某种可以被观察到的行动主动向信息劣势一方传递自己的真实信息，主动解决信息非对称问题。信息甄别是指信息劣势一方，设计某种方案（激励机制）来诱使信息优势的一方提供个人真实信息。信号发送和信息甄别都在一定程度上可以弥补信息不对称的问题，但信号发送则是主动降低“逆向选择”的方式。

（2）信息不对称对公司融资成本、融资约束的影响。信息不对称理论认为，信息在交易双方的不对称分布，使得不具有信息优势的一方进行逆向选择，从而无法做出最优决策，导致资源配置无效率。而资本市场上信息不对称是一种客观存在，各利益主体所获得的信息数量和质量都不均衡，公司利用资本市场进行融资时，也会面临逆向选择问题。对于外部投资者来说，由于无法获取公司的全部信息，从而无法正确判断公司盈余质量的好坏，因此面临着巨大的风险和不确定性。根据信息风险理论，资本市场中这种由于信息的不完全和不对称使投资者面临的风险是不可分散的，因此，为了补偿这种风险，投资者会要求更高的回报率作为补偿，会抬高所提供资金的价格，从而使公司只能以较高的股权融资成本获得资金。此外，从流动性风险角度来看，信息不对称下的逆向选择会减少处于信息劣势的投资者的股票交易量，使资本市场的流动性降低，这样公司在一级市场筹资以及投资者在二级市场中买卖股票的交易成本就会增加。为了促使与处于信息劣势的投资者达成交易，公司就必须折价发行股票，这样公司实际获取的融资额就会减少，从而提升了公司的股权融资成本。对于债权人来说，债权人无法对公司进行全面的监督与了解，担心公司可能发生资产替代或欺骗行为，为了保证自己的债权不受到侵害也会要求更高的利息作为补偿，从而导致债务融资成本的提高。

更一般地讲，由于资本市场存在“柠檬”现象，资本市场供求双方信息不对称造成资金提供者无法正确辨别公司质量，只能按照平均质量定价，并按由此确定的价格签订融资契约，因此便会出现类似于“劣币驱逐良币的逆向选择问题”。对于质量较好的公司来说，融资逆向选择导致外部融资成本过高，造成融资不经济。

此外，根据现代融资理论，融资约束被定义为当公司自有资金无法满足其投资所需时寻求外部融资时所面临的摩擦[159]。这种摩擦一方面体现在资金获取的难易水平上，另一方面也体现在资金获取的成本上，即公司不能按照一般正常的成本价格得到资金。而在信息不对称的情况下，资金提供者的逆向选择行为就会导致其不愿向公司提供资金或者以高于正常水平的成本价格提供资金，从而使公司面临较高的融资约束，无法顺利的获得资金，完成资本结构的调整。信息不对称是融资约束产生的重要原因，融资约束程度的大小主要取决于其面临的信息不对称程度的高低。

3. 委托代理与公司融资行为

（1）委托代理理论。委托代理理论是指股东拥有公司的所有权，但并不实际进行公司的经营管理，而是授权经营者来代理管理公司，公司的所有权和经营权相分离，从而形成委托代理关系。委托代理加剧了公司内部代理人与外部股东和债权人之间的信息不对称，信息不对称下的道德风险会更加凸显出来，产生委托代理问题，即公司所有者和债权人无法直接观察和了解内部代理人的所有行为，并且监督成本高昂，由此内部代理人会产生机会主义行为，为谋求自身利益最大化而损害所有者和债权人的利益。

委托代理问题的产生具体可从以下两个方面来进行分析：一是由于委托人与代理人的目标利益难以协调一致，二是由于委托人和代理人之间契约的不完备性和契约执行的高成本，这两方面原因共同滋生了代理人的机会主义行为。

一方面，委托人将公司委托给代理人是为了实现资本的增值和资本收益最大化，并且作为公司的所有者具有剩余索取权，而代理人由于不是资产所有者，就不能获得公司的剩余收益，他们追求的是货币报酬和非货币报酬（如在职消费和个人声誉、权力、地位等），因此双方的利益目标就存在潜在的冲突。代理人拥有公司的控制权，却不能享有剩余索取权，其努力的成果要和委托人一起共享，而委托人承担有限责任，却可以获得全部剩余收益，在这种情况下，代理人必然会为了自身利益而损害委托人利益。Berle 和 Means（1932）[160] 指出只要当经理层不是拥有企业剩余索取权的全部，管理层就有可能为了自身的收益而做出损害股东利益的行为。另一方面，委托代理关系其实就是一种契约关系，即委托人与代理人签订合同，聘请代理人对公司进行管理，并对代理人的权利与责任进行事先的约定。但由于人的有限理性、环境的复杂性、交易费用和信息的不对称性，契约不可能对与契约有关的所有情况进行详细的约定，总会有未被列明的权利和事项以及不可预测的情况存在，因此契约是不完备的，这就给代理人留出了机会主义的空间。同时，由于信息不对称以及信息获取需要成本，监督契约执行也存在成本，当这些成本大于预期损失时，委托人可能会放弃信息收集和监督代理人，这种妥协也为代理人机会主义行为提供了滋生的条件。

（2）委托代理对公司融资成本、融资约束的影响。前文指出，公司通过资本市场进行外部融资主要有两种方式：股权融资和债务融资。股权融资实际是公司的股东让出部分公司所有权，通过增资的方式引进新的股东的一种融资方式。股东作为投资者，虽然是公司的所有者，但大部分股东，尤其是中小股东并不能亲自参与公司的经营管理，而是授权经理人员实际开展公司的各项经营活动，因此股东和经理人员之间就会出现委托代理问题。经理人员比投资者拥有更多的内部信息，投资者无法对其进行有效监督，他们就会利用这一优势来增进自身效用最大化，向投资者隐瞒信息或者操纵、扭曲财务信息，为自己谋取利益。如果投资者意识到这个问题，那么他们会寻求价格保护机制来降低预期的代理成本（如降低股票出价）或要求较高的股息和红利，从而导致公司股权融资成本的增加。

在债务融资过程中，公司作为债务人了解自身生产经营的真实状况，而债权人由于信息不对称及高额的监督成本不能完全观察和了解公司的行为，因此债权人和公司之间也存在委托代理问题，公司可能会采取一些有损债权人利益的行为，比如借入新债、过度发放股利、无限扩大在职消费等。理性的债权人会意识到其相对于公司而言，处于信息劣势，也很难对公司进行有效的监督，公司有做出对债权人不利决策的动机，那么债权人就会估计和预测采取对其不利的策略时可能带来的损失，从而会对其债权投资要求额外的风险报酬，即提高贷款利率，或者使公司在进行公开债务融资时按照打折后的价格购买债券，或者债权人会要求与公司签订约束性比较强的债务契约，加入各种限制性条款和保证条款，通过这些方式对公司采取的导致债权价值降低的各种行为进行约束和监督。债权人这些行动的结果就使得作为债务人的公司只能以较高的成本融得资金，即提高了其债务融资成本。

因此，委托代理下代理人的道德风险问题，也会使公司以较高的成本获取资金，面临较高的融资约束程度。

2.2.3　会计信息与公司融资行为

由前文分析可知，公司在进行外部融资时要考虑的主要因素就是融资成本，融资过程中普遍存在的信息不对称和委托代理问题会对融资成本以及融资约束产生影响，信息不对称下的逆向选择和委托代理下的道德风险都会导致公司面临较高的融资成本和融资约束。那么会计信息在此过程中会发挥什么样的作用呢？众所周知，信息是交易的基础，是组织内部交易与外部市场交易的基础，信息的质量决定了交易的效率。对于公司通过资本市场进行的外部融资来说，无论是获取债务资金还是股权资金，其实都是资金提供者和公司之间的交易，而作为交易基础的最关键和最主要的信息就是会计信息。因此，会计信息质量的高低就会对公司融资的效率产生影响，它会通过缓解公司融资过程中的信息不对称和降低公司的代理冲突，对公司融资成本和融资约束产生影响。

1. 会计信息、逆向选择与公司融资行为

前文分析已知，在信息不对称的情况下，公司利用资本市场进行融资时会面临外部资金提供者的逆向选择，从而导致其外部融资成本提高，面临融资约束，融资缺乏效率。而解决问题的关键在于减轻公司内、外部信息不对称的程度，让外部资金提供者更多地了解公司的真实状况，便于他们对公司做出正确的评价，减轻逆向选择，缓解融资约束。

信号发送是解决信息不对称的途径之一，而会计作为一个经济信息系统，能够借助于货币计量的方式，通过确认、记录、计量与报告等环节，将公司发生的各项经济业务和事项转化成具体的数据信息，并对外披露，就实现了公司内部信息向公司外部发送的功能，并且会计信息的计算规则也是我们所熟知的。Kanodia 和 Lee（1998）[161]指出会计信息是外部投资者获知公司信息的重要渠道。Healy 和 Wahlen（1999）[162]指出会计信息是一种向公司外部资本提供者和其他利益关系人报告公司财务状况和经营业绩方面信息的一种成本相对低廉且可信的手段。当外部资金提供者能够尽可能多地获知有关公司的全面、准确的信息时，其面临的未来风险的不确定性就越小，其预测公司未来现金流或盈余情况的准确度就会越高，他们就会降低其风险预期，从而降低其要求的投资回报率，最终降低公司的融资成本。此外，更多和更高质量信息的披露会增加股票流动性，降低流动性溢价和交易成本，使潜在投资者更愿意投资，从而降低公司的融资成本。融资成本的降低就在很大程度上缓解了公司的融资约束程度，降低了公司外部融资的困难程度。

因此，高质量的会计信息能够实现信号发送，能够减轻由信息不对称所引起的逆向选择问题，从而改善公司的融资环境，降低公司的融资成本和融资约束程度。

2. 会计信息、道德风险与公司融资行为

委托代理问题源于信息不对称下的代理人道德风险，如果缺乏有效的监督和激励，代理人便会最大限度的谋求个人利益而损害委托人的利益。新制度经济学家认为解决委托代理问题的途径有两条：激励和约束。所谓激励就是设计一个使代理人和委托人分享剩余的激励性报酬契约，使代理人和委托人的目标利益一致。所谓约束实质是借助于各种内外部机制来监督与约束代理人行为。对于股东而言，可以通过与管理者签订激励性的报酬契约，给予管理者一定的利润分享权来激励管理者努力工作，从而弱化管理者的道德风险问题。这种激励性的报酬契约要有效发挥作用，则必须依据股东和管理者都可以观察到的业绩衡量标准，并且与管理者的努力程度越相关越好。而以会计信息为基础的指标，如净利润、股价等是可以被充分观察，并且能够量化的，因此，在设计报酬契约时，这些指标往往被用作报酬契约的基础。Kim 和 Suh（1993）[163] 认为，最理想的契约应将股价和净收益共同作为业绩衡量标准。Bushman 和 Smith（2001）[164] 也指出财务报告是股东监督管理层的基础。对于债权人而言，他作为委托人将资金交给公司使用并收取一定的利息。为防止公司的道德风险行为，债权人往往通过与公司签订债务契约的方式来保障自身的权益。债务契约中的限制性条款往往是以会计信息为基础来设定的，这些条款可以防止股东或管理者通过发放清算性股利或投资高风险项目而侵占债权人的利益。

由此可见，不论是股东还是债权人，不论是用激励的方式还是约束的方式来解决委托代理问题，不论是契约的签订还是契约后期的执行，都要依赖会计信息，都要借助于会计指标订立契约，借助于会计信息进行契约的监督与执行。因此，会计信息在实现股东和债权人对代理人的有效监督方面发挥着重要的作用。真实、完整、及时、有效的会计信息是治理机制发挥作用的基础，高质量的会计信息能够降低外部资金提供者的监督成本，降低契约的执行成本，有效防范代理人的道德风险问题，在此基础上，资金提供者会自然降低其投资的期望回报率，从而降低公司的融资成本，使公司融资时面临较低的融资约束。

通过前述对会计制度与会计信息、会计信息与公司融资行为关系的分析，我们可以把会计制度与资本结构之间的基础关系用图 2.2 表示出来。

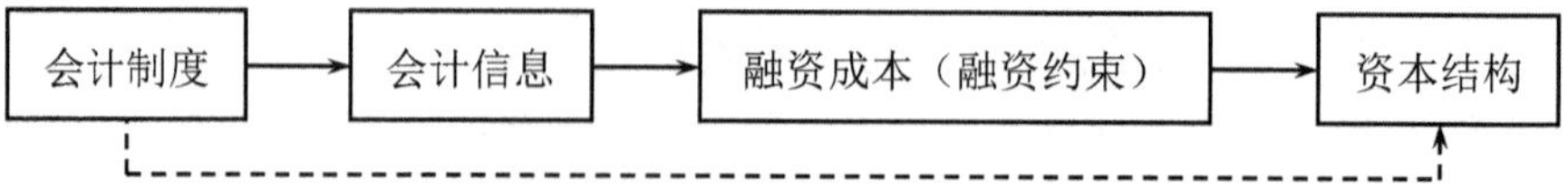

图2.2　会计制度与资本结构的基础关系

会计制度作为生产会计信息的主要依据，会对会计信息质量的高低产生影响，而会计信息质量的高低又会影响公司外部融资时面临的信息不对称程度和委托代理问题的严重程度，进而影响其融资成本和融资约束；而融资成本和融资约束是公司外部融资时考虑的主要因素，公司会在考虑融资成本及融资约束大小的基础上，决定采取何种融资方式以及融资规模，而最终的结果就导致公司形成不同的资本结构。

2.3　本章小节

本章首先对制度及其功能、会计制度及其功能以及资本结构进行界定；其次，在分析会计制度和会计信息之间内在联系的基础上，从信息不对称、委托代理与公司融资行为的关系出发，对会计信息在公司融资过程中发挥的重要作用进行了剖析，认为会计信息通过缓解公司融资过程中的信息不对称和委托代理问题，从而对其融资成本和融资约束产生影响，进而影响公司的融资行为，从而理清了会计制度与资本结构之间的基础关系，为后文对会计制度变迁影响公司资本结构动态调整的机理分析奠定了基础。

第3章

会计制度变迁影响公司资本结构动态调整的机理分析

第2章我们理清了会计制度与资本结构之间的基础关系，获知由于资本市场和公司经营中广泛存在信息不对称现象，会计信息通过缓解公司融资过程中的信息不对称和降低公司的代理冲突，对公司融资成本和融资约束产生影响，进而影响资本结构的选择。而会计信息的生成受制于会计制度，因此，会计制度通过会计信息，进而通过融资成本与资本结构发生关联。而现实情况是，会计制度并非一成不变，一直处于动态变化中，并且近年来对资本结构的讨论也跳出了静态框架，开始从动态的角度分析公司资本结构的选择及调整问题，认为资本结构具有动态属性，并形成了资本结构的动态调整理论。那么，会计制度的变迁对公司资本结构的动态调整会产生什么样的影响？这种影响是如何产生的？本章将以会计制度与资本结构关系的分析为基础，对会计制度变迁影响公司资本结构动态调整的机理进行剖析。具体内容如下：首先，对会计制度变迁及其路径依赖性进行分析；其次，分析资本结构动态调整理论；最后，结合会计制度与资本结构的基础关系分析以及资本结构动态调整理论，从调整速度和调整方式两个方面剖析会计制度变迁影响公司资本结构动态调整的机理。

3.1　会计制度变迁及其路径依赖性分析

3.1.1　制度变迁

制度以现实的社会经济关系为基础并反映现实的社会经济关系的发展和变化，因此，制度不是一成不变的，它会随着社会经济关系的变化而发生变化。马克思曾有这样的论述："……物质生活的生产方式制约着整个社会生活、政治生活和精神生活的过程。不是人们的意识决定人们的存在，相反，是人们的社会存在决定人们的意识。社会的物质生产力发展到一定阶段，便同它们一直在其中运动的现存生产关系或财产关系发生矛盾。于是这些关系便由生产力的发展形式变成生产力的桎梏。那时社会革命的时代就到来了。随着经济基础的变更，全部庞大的上层建筑也或慢或快地发生变革。"[165]在马克思看来，任何社会经济制度都有一个产生与发展的过程，并在一定的条件下它必然要消亡。社会制度的发展变化最终只能由生产力和生产关系、经济基础和上层建筑的矛盾运动来解释。马克思把社会生产力的变化发展视为制度变革的第一推动力和根本原因。生产力的发展推动了生产关系的变化，从而导致包括法律、意识形态在内的整个社会制度的变革。

西方制度经济学家对制度变迁也进行了大量的研究，凡勃伦认为制度变迁是由技术变迁决定的，他从达尔文的进化论的角度分析了制度变迁的"积累因果"的过程，即由于技术的变迁使得外部环境发生变化，人们会对环境变化这一刺激做出反应，从而调整思维和劳作适应新的环境，也就引发了制度变迁。在该理论中，凡勃伦指出新制度的形成是过去经验的产物，这一观点成为诺斯路径依赖理论的先导。拉坦认为："新的收入流的分割所导致的与技术变迁或制度绩效的增长相联系的效益收益是进行制度变迁的主要激励。"[166]即要素、产品的相对价格的长期变动导致人们的实际收益小于潜在收益时，就会引发相应的制度变迁。格鲁奇认为，经济过程之所以具有不断发展的性质，是因为有许多因素，包括人口统计的、地理的、政治的及其它因素在起作用，但主要的因素是与科技进步相关联的技术变化，因而，经济制度主要是关心如何利用技术革命，以扩大社会所需要的商品和劳务，加速社会进程。诺斯（1981）[155]认为制度变迁的动力是相对价格的变化和追求制度创新的收益。在一个动态经济系统中，已有的制度安排决定了现有的成本—收益结构。当某种外在性的变化传导到经济系统中，从而引起相对价格的变化，将改变现有的成本—收益结构。但这种变化引起的潜在收益，在现有制度安排下不可能实现。只有进行制度的变迁与创新，通过新的制度才能把潜在的收益转变为现实的收益。诺斯及其合作者还设计出一个有关制度创新和制度变革的经济模型，从产权制度、法律制度以及其他组织结构的变革与创新来解释长期经济增长的原因和人类社会的历史进程。

以上学者大都从制度外部寻求制度变迁的动力，也有学者从制度内部出发，探究制度变迁的原因。他们认为一个制度系统无论制定时的出发点有多好、形成的历史有多久，总存在不完善的地方。在制度运行的过程中，有些人就会利用这种不完善性来损人利己，从而降低经济制度系统的激励水平，抬高交易成本。制度系统的这种不完善性被称为制度的内在缺陷，人们利用制度的内在缺陷所进行的损人利己行为称为机会主义。一旦出现机会主义，制度就会开始衰退，制度原有的功能就会下降，最终经济增长就会受到影响。当人们认识到制度衰退时，就有可能来完善制度。这种对制度的完善就是制度的变迁，这种变迁有时还可能从根本上改变制度。此外，还有学者认为，制度本身也有一个产生、发展和完善以及不断面临被替代的过程，某一特定的制度只能存在于一个特定的时期，有着它自己的“生命周期”。制度的效率“生命”曲线在达到一定点之后，会随着生存时间的递增而同时出现效率递减的趋势。一般说来，制度的效率往往和时间反相关。既然制度效率存在着递减现象，那么当制度效率降低到一定程度时，制度变迁是必需的。

本书认为，制度变迁是指制度创立、变更及随着时间而不断变化的过程，是内外部因素的共同作用引起的，它的实质是一种效率更高的制度对一种制度的替代过程。

3.1.2　制度变迁的路径依赖

在经济学中，路径依赖最早被应用于对技术变迁的分析。代表人物是美国经济学家大卫·保罗（David A. Paul）和阿瑟（W. B. Arthur）。大卫·保罗（1994）认为具有正反馈机制的随机非线性动态系统，一旦为某种偶然事件所影响，就会沿着一条固定的轨迹或路径一直演化下去；即使有更佳的替代方案，既定的路径也很难改变，即形成一种“不可逆转的自我强化趋向”[167]。他指出，技术的相关性、投资的准不可逆性和正的外部性或规模的报酬递增是可能导致技术变迁路径依赖的原因。阿瑟（1989）[168]则重点分析了报酬递增与路径依赖的关系，指出一种技术的市场份额不仅依赖于偏好和技术的可能性，而且依赖于通过“用中学”、网络外部性、规模经济和适应性预期四种机制形成的报酬递增而导致锁定效应（lock-in）的细小或偶然的事件。

从20世纪90年代开始，西方学者逐渐将路径依赖研究的重心由技术变迁领域转向了制度领域，提出了制度变迁的路径依赖理论，最具代表性的人物非诺斯莫属。在诺斯的制度变迁理论中，制度变迁受以下四种报酬递增因素的影响：

（1）制度新建时大量的创设成本或固定成本；

（2）与现存制度框架、网络外部性和制度矩阵有关的学习效应；

（3）通过合约建立起来的与其他组织或政治团体在互补性活动中投资的协调效应；

（4）以制度为基础增加的签约由于持久而减少了不确定性的适应性预期。

社会现存的制度与过去的制度交织成一个矩阵网，并由于这个网的作用产生大量的报酬递增。此外，在制度变迁过程中，制度变迁的主体依靠其信念和心智模式去对制度做出选择和改变，而信念和心智模式则是我们在适应性学习中不断的吸纳社会积累的知识文化的过程中形成的，会受到历史、知识、文化的影响。因此，新制度的制定在一定程度上取决于过去的制度安排，即“人们过去做出的选择决定了他们现在可能的选择”[4]，从而产生路径依赖。而路径依赖可能会有两种不同的方向：一种是在最初的制度变迁中选择了正确的路径，其报酬递增促进经济的发展，形成自我强化的力量，制度的变迁就可能会沿着既定的路径，不断产生有利于经济增长的进一步制度变迁，从而形成一种良性循环的路径依赖；另一种则是在最初的制度变迁中选择了错误的路径，制度的报酬递增消退，开始阻碍生产活动，但一部分组织和集团为了自身利益会尽力维护该制度，导致在相当长的时期内非效率制度存在，甚至进入“锁定”状态，从而形成恶性循环的路径依赖。

诺斯还进一步揭示了制度变迁路径依赖的传递途径，即制度变迁的路径依赖首先通过认知层面，经过制度层面，最后到达经济层面。个体的信念和心智模式决定了制度的选择和结构，而个体在适应性学习的过程中形成的认知存在路径依赖，就决定了制度也呈现出路径依赖的特性。而前文我们指出，制度的本质和目的就是对社会分工协作体中不同集团、阶层和阶级之间的利益关系进行协调，以满足人和组织效率的最大化，并达到资源的最优化配置，因此制度的进化路径最终会在经济结果中体现出来，制度的路径依赖具有经济后果，认知和制度的路径依赖将会导致经济的路径依赖。

通过诺斯对制度变迁路径依赖理论的描述，可以看出制度变迁的路径依赖具有以下特征。

（1）制度变迁的路径依赖强调了时间因素，注重历史的“滞后”作用。这种“滞后”的作用可能是既定的制度造成的，也可能是人们不同的学习能力（个人的信念和心智模式）造成的。

（2）制度变迁的路径依赖不仅是一种状态，更是一种过程。制度变迁是一种制度替代另一种制度的过程，期间会由于人们学习过程的不同而导致心智模式的差异，从而使制度变迁出现不同的演进方式和结果，所以其路径依赖是一个动态的过程。

（3）制度变迁的路径依赖的低效率性。在已有事件的影响下，制度变迁会进入一种随机的动态过程中，由于存在个体心智模式的不完备、信息的不对称和高额的交易成本，加上路径依赖的“锁定”作用，使得制度变迁过程中一些低效率的制度长期存在，高效率的新制度并不能有效替代旧制度。

3.1.3　会计制度变迁

结合第2章对会计制度的界定及前文对制度变迁的界定，会计制度变迁是指一系列制约会计行为人及利益相关者的会计核算制度在特定的制度环境中创立、变更及随着时间而不断变化的过程。

会计制度变迁的主体主要有两个：制度制定者（机构）和制度应用者。因此，会计制度变迁包含两层含义：一是制度的形式性变迁，即制度制定者对会计制度所做的条文上的变化，如制定或采用新的制度取代原有制度，以及修订原有制度；二是制度的实质性变迁，即会计制度的实际应用的变化，即相关会计人员在实际的会计工作中对新制定的或修订的会计制度的实际落实和使用。会计制度形式性变迁与实质性变迁二者互相推动，会计制度制定的目的就是为了应用，制度的应用又会反作用于会计制度的制定。会计制度在“变迁—应用—反馈—再变迁”的反复博弈中不断发展。

在我国，狭义会计制度也经历了多次变迁过程。从20世纪90年代初开始，先后经历了四次较大规模的会计制度改革，分别是1993年、1998年、2001年和2006年的会计改革，我国的会计制度也由最初的中国特色会计规则过渡到与国际会计准则相协调，最后发展至与国际会计准则趋同。根据历次改革的时间，我们将会计制度变迁过程划分为以下四个阶段：第一阶段为《企业会计准则》和《股份制试点企业会计制度》阶段（1993～1997），第二阶段为《股份有限公司会计制度》阶段（1998～2000），第三阶段为《企业会计制度》阶段（2001～2006），第四阶段为新《企业会计准则》阶段（2007年至今）。

1. 《企业会计准则》和《股份制试点企业会计制度》阶段（1993～1997）

1992年5月23日颁布的《股份制试点企业会计制度》，在全面借鉴国际会计惯例的基础上一改传统计划经济体制下的会计制度模式，建立了统一的会计制度安排，对会计原则、会计要素确认、会计科目和会计报告、注册会计师审计、终止与清算等主要方面进行了较详尽的规定，这对于规范当时较为混乱的会计实务，从而提供具有可比性的会计信息具有重要意义。

1992年11月30日我国财政部又颁布了第一个《企业会计准则：基本准则》，为具体会计准则的制定提供一个理论指导框架，该准则于1993年7月1日起实施，并适用于设在我国境内的所有企业。基本会计准则的发布，结束了中国没有自己的会计准则的历史，把我国会计改革推进到了一个崭新的阶段，并为今后推动社会主市场经济的发展制订一系列具体准则和会计制度开辟了道路。

尽管颁布了基本会计准则，但1993年7月1日后我国实施的是《企业会计准则》《企业财务通则》以及十三个行业会计制度、财务制度，简称为“两则两制”。“两则两制”的全面实施，改革了传统的会计核算管理模式，打破了传统的分所有制、按部门制定企业会计制度并实施会计管理的传统模式，实行按行业制定会计制度、实施会计管理的模式；同时与当时进行的财务制度改革相配合，扩大了企业在会计核算方面的自主权。此外，还进行了以下几个方面的重要改革：一是改革了传统会计制度中所使用的会计平衡公式，采用了国际通行的会计平衡公式；二是采用国际通行的会计报表体系，即规定我国企业会计报表主要包括资产负债表、利润表和财务状况变动表；三是大胆借鉴和运用国际通行会计核算方法；四是基本统一了各行业会计处理方法和程序（李玉环，2003）[169]。

同时，为了彻底改变只有基本准则，没有具体准则的局面，财政部加快了制定具体准则的步伐，自 1994 年 2 月起财政部陆续发布具体会计准则的征求意见稿，1997 年 5 月 22 日第一个具体会计准则《关联方关系及其交易披露》颁布，并规定从 1997 年 7 月 1 日起执行。

2. 《股份有限公司会计制度》阶段（1998～2000）

随着经济体制改革的深化和国有企业改革的深入，1993 年执行的“两则两制”及其补充规定的不适应性逐渐显现出来。为加快会计改革步伐，取消分行业的会计规则，尽快建立国家统一会计制度，财政部于 1998 年 1 月 27 日在《股份制试点企业会计制度》的基础上，制定发布了《股份有限公司会计制度》，自 1998 年 1 月 1 日起，在按照法定程序批准设立的股份有限公司中执行，该制度为规范股份有限公司的会计核算和信息披露起到了良好的作用。

1999 年 10 月 31 日，全国人民代表大会常务委员会审议通过了新修订的《会计法》，自 2000 年 7 月 1 日起施行。为了配合新《会计法》的实施，规范企业财务会计报告，保证会计报告的真实、完整，国务院于 2000 年 6 月发布了《企业财务会计报告条例》，自 2001 年 1 月 1 日起执行，该条例对资产、负债和所有者权益等会计要素进行了严格界定；对使用财务会计报告的部门和机构的行为也作了规定；对重大的会计政策、或有事项、关联交易、企业合并和分立、重大的投资融资活动等事项披露提出明确要求。为使会计制度所规定的各项会计要素的确认、计量、记录和报告更加符合《企业财务会计报告条例》的规定，需要对会计制度重新修订。《企业会计制度》的适时发布，则是对《企业财务会计报告条例》的具体运用。2000 年 12 月，财政部印发了《企业会计制度》，自 2001 年 1 月 1 日起在股份有限公司中先行执行。此外，还专门针对金融保险行业和小规模企业制定了《金融企业会计制度》和《小企业会计制度》。

同时，具体会计准则的建设也自 1997 年《关联方关系及其交易的披露》这一具体会计准则的出台拉开了序幕。从 1998 年到 2000 年，财政部共颁布了 9 项具体准则：1998年《现金流量表》《资产负债表日后事项》准则，1999年《会计政策、会计估计变更和会计差错更正》《建造合同》《收入》《投资》《债务重组》准则，2000年《非货币性交易》《或有事项》准则。这一时期我国具体准则的出台，基本是针对市场利用会计准则漏洞进行财务舞弊，而做出的补救性、应对性技术完善。

3. 《企业会计制度》阶段（2001～2006）

2000年12月发布，自2001年1月1日起在股份有限公司中先行执行的《企业会计制度》，不是对现有行业会计制度的简单相加，而是以《股份有限公司会计制度》及其补充规定和具体会计准则为基础加以制定的，《企业会计制度》的有效执行对我国证券市场发展起到了积极的推动作用，

具体准则方面，2001年财政部进一步制定了《无形资产》《借款费用》和《租赁》等3项具体会计准则，修订了《现金流量表》《债务重组》《投资》《会计政策、会计估计变更和会计差错更正》和《非货币性交易》等5项具体准则。同年底又发布了《存货》《固定资产》《中期财务报告》3个新的具体会计准则，于2002年开始实施。2003年又修订了1998年颁布的《资产负债表日后事项》准则。2005年6月2日，发布修订《企业会计准则：基本准则》征求意见稿。2005年6月22日，发布《外币折算》《分部报告》和《财务报表列报》3项具体准则草案征求意见稿。2005年7月19日，发布《资产减值》《企业合并》《合并财务报表》《生物资产》《石油天然气开采》《捐赠与补助》和《投资性房地产》7项具体准则征求意见稿。2005年8月12日，发布《原保险合同》《再保险合同》《职工薪酬》《企业年金》《每股收益》和《所得税》6项具体准则征求意见稿。2005年9月21日，发布《金融工具确认和计量》《金融资产转移》《套期保值》《金融工具列报和披露》4项具体准则征求意见稿。2006年1月4日，发布《股份支付》会计准则征求意见稿。2006年2月15日正式发布了《企业会计准则》和38项具体会计准则。

4. 《企业会计准则》阶段（2007年至今）

2006年2月财政部正式发布了38项具体会计准则（以下简称“新会计准则”），其中的基本准则和16项具体准则根据1993年以来历次公布的会计准则和会计制度修改而成，其他相关具体准则是对原有相关会计制度的修改完善，具有一定的制度基础。新会计准则体系具体包括三个层次：一是基本准则，在整个准

则体系中起驾驭作用，主要规范会计目标、会计假设、会计信息质量要求、会计要素的确认计量和报告原则等，基本准则的作用是指导具体准则的制定和为尚未有具体准则规范的会计实务问题提供指导性的处理原则，对具体会计准则的制定和执行起指导作用，具有财务会计概念框架性质；二是具体准则，包括存货、固定资产、无形资产等38项准则，主要规范企业发生的具体交易或者事项的会计处理，为企业处理会计实务问题提供具体而统一的标准；三是会计准则应用指南，主要包括具体准则解释和会计科目、主要账务处理等，为企业执行会计准则提供操作性规范。

与38项具体会计准则同时发布的还有48项注册会计师审计准则，这标志着与国际惯例趋同、进一步推进我国市场化程度的企业会计准则体系正式建立。这38项企业会计准则的正式发布，标志着我国已初步完成企业会计准则体系的制定任务，成为我国会计发展史上一个新的重要的里程碑，从而把我国的会计制度变迁行为推向了高潮，我国的会计规则从此迈向了会计准则主导的新时代。新准则更强调对投资者和公众利益的保护，对财务报告的披露要求进行了全面的梳理和改进，要求企业在编制资产负债表、利润表和现金流量表的基础上，还要编制所有者权益变动表，并且要求四张基本报表的附注应当提供充分、详细、及时的补充信息和说明信息。相较于以往的会计准则变革，2006年新会计准则的颁布不是对原有准则细枝末节的修补，而是在考虑中国国情的基础上引入了国际财务报告准则。

2006年新会计准则出台后，除了《小企业会计制度》继续实施外，《企业会计制度》和《金融企业会计制度》不再被执行，而到了2013年，《小企业会计准则》出台代替了《小企业会计制度》。

综上所述，我国会计制度变迁的第一阶段是中国会计模式的转换期，《企业会计准则：基本准则》的实施使我国在会计方面实现了与国际惯例的协调；第二阶段是市场经济条件下会计制度体系的完善阶段；第三阶段是我国会计制度与国际会计惯例的充分协调，逐步对已经发布的各项准则进行修订，同时又根据我国的具体情况陆续发布多项新的准则；第四阶段我国会计制度体系基本达到了和国际会计准则的“实质性趋同”。我们后续的实证检验和分析都将建立在这四个阶段的划分基础上，因此，后续章节中涉及到会计制度变迁阶段的有关分析将不再重复论述。

3.1.4　会计制度变迁路径依赖性分析

前文我们分析了制度变迁的路径依赖理论，指出新制度的制定在一定程度上取决于过去的制度安排；制度变迁路径依赖性的传递途径通过认知层面，经过制度层面，最后达到经济层面，因此认知和制度的路径依赖将会导致经济的路径依赖，会在经济结果中有所体现。

根据制度变迁路径依赖性的传递途径，我们来分析会计制度变迁的路径依赖性。诺斯认为信念决定了制度结构，当大家都学会并习惯了某个问题的解决方法时，每当出现同样的问题，就会无意识地使用它，这种认知上的路径依赖，就导致在会计制度的制订中，制度制定者不会完全推翻旧制度去建立新的制度，而是会充分考虑既存制度的惯性影响，采取逐步、渐进的方式，使新、旧制度能在既定的条件下有机地结合在一起，通过一系列过渡性的制度安排使制度的变迁具有某种“承前启后”的连续性（吴革，2004）[5]。比如先在旧制度的边缘衍生出一些新的制度安排，通过新制度的不断发展来逐渐缩小旧制度的空间，然后达成整个会计制度变革的目标；再比如我国“两则两制”的实施，具体会计准则和企业会计制度的并存和有机结合。会计制度的这种变迁方式就体现了会计制度变迁的路径依赖。

会计制度认知和会计制度变迁的路径依赖又会传递到经济层面，体现在经济结果中，导致经济的路径依赖。会计制度变迁的主要目的就是要通过不断完善、规范会计处理方法和程序来提高会计信息的质量，但在新会计制度的实际使用和执行过程中，会计人员由于过去认知的影响，对旧制度有一种天然的依赖，并具有一定的惰性，他们的素质、观念等都不能很快适应和转变，这就导致在新制度的推行过程中，主动适应新制度而改变会计处理方法的内在动力不足，不重视新方法的使用而往往沿袭老办法、老习惯，旧制度的这种顽强维持并向新制度的渗透，使新制度无法完全得到贯彻执行，从而使原有会计制度对公司的影响会一直延续。这也体现出会计制度变迁路径依赖的低效率性，即高效率的新制度并不能有效替代旧制度。这种低效率带来的影响首先体现在公司会计信息的生产中，因为会计信息是根据会计制度加工生成的，虽然作为正式规则的会计制度在形式上发生了变迁，但会计实务中的某些业务处理却仍采用旧制度的方法，从而使会计制度的实质性变迁呈现出滞后性，导致会计信息质量的提升并不能达到预期效果，只会有部分改善。其次，根据前文会计信息对公司融资成本和融资约束影响的分析，由于会计信息质量的部分改善，而不是完全改善，其在缓解公司融资过程中的信息不对称和委托代理问题方面的作用就不能得到充分发挥，从而使公司面临的融资成本和融资约束不能得到最大程度的降低和减缓，进而会影响公司的实际融资决策，对资本结构的调整产生影响。

3.2　资本结构动态调整理论

本章将对会计制度变迁影响公司资本结构动态调整的机理进行分析，除了需要了解会计制度变迁的有关理论外，还需要了解资本结构进行动态调整的原理。而资本结构动态调整理论是基于资本结构基本理论发展而来的，是近年来资本结构理论的前沿领域，因此，本节将在对资本结构基本理论回顾的基础上，对资本结构动态调整理论的基本内容和原理进行分析。

3.2.1　资本结构基本理论回顾

第 2 章我们指出，资本结构是公司各种资金来源的构成及比例关系。由于公司的资金来源主要包括债务资金和权益资金，因此，资本结构通常是指公司债务资金与权益资金的构成及比例关系。资本结构理论是研究为实现公司价值最大化，其资本结构中债务资金与权益资金的比例如何确定的理论。国外有关资本结构的研究已形成了比较完整的理论体系，资本结构理论也经历了从 MM 理论等现代资本结构理论，到权衡理论、优序融资理论、信号传递理论、代理理论和市场相机抉择理论等新资本结构理论的一个发展过程。

1. 现代资本结构理论——MM 理论

MM 理论是由美国学者莫迪格利安尼和米勒于 1958 年在《资本结构、公司财务与资本》中提出的，是现代资本结构研究的起点。该理论认为在完美的、无摩擦的市场环境下，由于没有税收，没有公司破产成本，也没有交易费用，只要两个公司的预期收益和风险等级相同，其市场价值就相同，增加负债带来的资本成本节约将被权益成本的上升抵消，从而不会降低加权平均资本成本，因此公司的资本结构与其市场价值无关，不能通过资本结构的调整来影响公司价值。

但现实的市场环境并不是完全理想的，MM理论所设定的那些严格的假设一旦放松，结论将发生改变。1963年莫迪格利安尼和米勒将公司所得税引入MM理论，提出了修正的MM理论。该理论认为，由于债券利息免征公司所得税，而股利无法免税，负债产生的利息节税会增加公司价值，随着负债的不断增加，公司的价值也会不断上升，因此，公司的资本结构会影响其市场价值。1976年米勒又将个人所得税因素引入修正的MM理论，建立了一个包括公司所得税和个人所得税在内的模型——米勒模型，分析负债对公司价值的影响，结论是个人所得税会在某种程度上抵消负债利息的节税利益，但正常情况下，负债利息的节税利益并不会完全消失，因此，公司负债比例仍是越高越好，当公司融资全部来源于负债时，其价值达到最大。

2. 新资本结构理论

MM理论所设定的一系列严格的假设条件在现实中很难成立，即使是修正后的MM理论也仅考虑了负债的节税利益，而没有考虑负债带来的风险和额外费用，因此，以MM理论为基础，学者们逐步放宽其假设，将资本市场的各种摩擦引入资本结构的分析中，从不同的角度对资本结构进行重新审视，促进了资本结构理论的发展，形成新资本结构理论，其中具有代表性的有权衡理论、优序融资理论、信号传递理论、代理成本理论和市场相机抉择理论等。

（1）权衡理论。修正的MM理论和米勒模型仅考虑负债的避税功效，认为负债越多，公司价值就越大，但却忽视了负债可能会给公司带来的成本或损失。一方面，负债的增多会导致公司面临的风险也随之增大，负债融资需要定期偿还本息，负债融资比例越高，固定的利息支出就越大，如果不能及时清偿，公司将会面临财务困境，甚至破产，公司价值由此也会下降。另一方面，负债还会产生债务代理成本。债权人为保护自身利益，会通过保护性约束条款限制公司的经营，在一定程度上降低经营效率，导致效率损失，同时为保证条款的顺利实施，还会产生一些额外的监督费用，这些代理成本会提高负债成本，降低负债收益。因此，公司最优资本结构应当是在权衡负债的税收利益和负债的相关成本后做出的选择。

（2）优序融资理论。优序融资理论是在考虑信息不对称和逆向选择影响的基础上提出的一种资本结构理论。该理论认为信息不对称使得投资者往往通过公司资本结构的选择来判断公司的市场价值。通常当公司股票价值被低估时，经营者会采用内部融资或发行债券的方式来筹集资金，而不愿意发行新股；而当股票价值被高估时，经营者会选择增发新股筹资。因此，股票融资会被投资者视为公司经营不良的信号，而发行债券则会被投资者视为公司拥有良好的经营业绩。由此，经营者为了消除投资者对发行的股票或债券的价值被高估的担心，也为了不被当做利用股票价值被高估进行外部融资，一般会首先选择内部融资，当内部融资不能满足需求时，基于股票被高估的可能性大于债券的考虑，会优先选择债务融资，最后才选择股权融资。

（3）信号传递理论。1977年，诺斯将非对称信息引入资本结构理论，提出了资本结构的信号传递理论。该理论认为，公司经营者比外部投资者更多地了解和把握公司内部的经营信息，投资者只能通过经营者输出的信息来间接地评价公司的市场价值，而资本结构则可以作为将公司内部信息传递给市场的信号，投资者可根据公司资本结构的变化对公司作出评价，并决定是否进行投资。比如，资产负债率的上升意味着经营者对公司未来收益有较高预期，公司的市场价值也会随之增大。因此，较高的负债水平可以视为公司经营质量高的一个信号。信号传递理论说明公司市场价值与资本结构有关。

（4）代理成本理论。代理成本理论是在权衡理论基础上的进一步扩展，它认为公司在所有权与经营权相分离的情况下存在两种代理成本：一是股东与经理人员之间的利益冲突成本，即股权代理成本。经理人员在职期间要承担全部的经营风险，却只享有部分收益，因此他们往往为追求自身的短期利益而忽视公司的长远利益，通过在职消费、将现金投资于高风险项目等方式为自己牟利而减少了股东的收益，这种低效率会导致公司价值的下降，形成公司的股权代理成本。二是股东与债权人之间的利益冲突成本，即债务代理成本，主要有资产替代效应和投资不足两个问题。资产替代效应主要是指由于债务契约的存在，经理人员会代表股东利益将资金投资于高风险项目，如果投资成功，债权人只能得到规定的利息，而更多的收益将归股东所有，财富从债权人转移到股东手中；投资不足是指对于一个净现值为正的项目，如果股东预见到该项目的收益用于支付债务的本息后，不能给股东带来更多的收益，股东价值的增加低于债务价值的增加，股东就不会积极采纳新投资项目，以防止牺牲自身利益来补偿债权人。

而随着债务融资比例的增加，债务带来的固定本息支付能有效降低经理人员的在职消费而减少股权代理成本，但同时债务代理成本也会增加。因此，最优资本结构是由股权代理成本和债权代理成本之间的权衡关系决定的，使总代理成本最小的资本结构为最优资本结构。

（5）市场相机抉择理论。2000 年 Baker 和 Wurgler 在《市场择时与资本结构》一文中首次明确提出市场相机抉择理论。该理论认为，资本市场在公司融资中具有重要作用，市场时机是影响公司融资决策的重要因素。该理论还假设公司融资没有受到限制，外部投资者是非理性的，一旦投资者的非理性行为导致定价错误，理性的管理者就会选择定价有利的资金来源：若股票市场的定价被高估，公司会优先选择股票融资，否则便会选择债务融资；如果在股票和债券市场融资都很困难，融资计划将被推迟；即使当前不需要融资，在当前的市场看上去特别有利时，也会进行融资。因此，对公司而言，没有一个最优的资本结构，公司的资本结构只是随时间推移不断根据资本市场环境变化进行融资的长期累积结果。

从现代资本结构理论到新资本结构理论，针对资本结构的研究视角不断扩展，研究假设不断放宽，使资本结构的研究更加接近现实环境，同时将税收，信息不对称理论中的信号、契约、动机等引入资本结构分析，从公司内部因素、内外部利益相关者（股东、管理者、债权人）的相互作用对公司价值的影响方面对公司如何选择不同的融资方式，进而调整自身的资本结构进行分析。由此，资本结构理论的研究内容更加丰富，对资本结构决定因素的分析范围也更加广泛，从而可以从不同的角度对资本结构选择的差异进行解释。

根据这些资本结构理论，学者们设定和选择了许多不同的影响因素，如盈利能力、公司规模、资产结构（抵押资产价值比例）、非债务税盾、成长性等，从符号和显著程度方面实证检验这些因素对公司资本结构的影响，在对这些理论进行验证的同时，也形成资本结构实证研究的一大领域，即资本结构影响因素研究。而这些因素的选择为本书后面针对会计制度变迁对资本结构动态调整影响的研究中控制变量的选择提供了一定的借鉴。同时，这些基本理论都是在一定时期、一定制度背景下，基于一定假设形成的，既有其合理的一面也存在着一定的局限性，还没有哪一种理论能完全解释所谓的“资本结构之谜”。由此，学者们开始寻求一种新的理论，试图进一步解释公司实际资本结构的选择与资本结构基本理论之间的差异，因此有关资本结构调整的相关研究引起学者们的关注，并成为资本结构理论研究的前沿领域。

3.2.2　资本结构动态调整理论

上述资本结构的基本理论一直以来都有一个争论的焦点，那就是公司是否存在目标资本结构。静态权衡理论认为公司在融资时会权衡债务融资的收益和成本，其中，债务融资的收益主要包括税盾效应和降低股权融资下的代理成本等；债务融资的成本则主要包括破产成本、财务困境成本和债务融资下的代理成本等，当债务融资的边际收益等于边际成本时，公司的资本结构达到最优，即目标资本结构（Frydenberg，2011）[170]。一旦实际资本结构偏离目标比率，公司会立即将实际资本结构向目标资本结构进行一步到位的调整。而优序融资理论、市场相机抉择理论则认为公司不存在目标资本结构，资本结构决策由其它因素所决定。其中，优序融资理论认为公司会根据信息不对称带来的优劣选择融资的顺序，所以公司在融资时，会选择可利用的、对信息不对称最不敏感的资金；市场相机抉择理论则认为公司融资决策的决定因素是融资时的市场条件。因此，这两种理论都认为公司不必重视目标资本结构。而大量国内外学者的实证研究都支持了目标资本结构的存在性，如Fama和French（2002）[105]，Frydenberg（2003）[107]，Flannery和Rangan（2006）[108]，陆正飞和高强（2003）[110]，丁培嵘和郭鹏飞（2005）[111]，王正位、赵冬青和朱武祥（2007）[113]，张超（2011）[115]等众多学者的研究结果都发现，与权衡理论相符，公司的确存在目标资本结构，并且会向其目标值进行调整。Heshmati（2001）[171]也指出，资本结构理论并不是用来解释可以实际观测的资本结构之间的差异的，而是来解释不同企业间的目标资本结构之间的差异的。

资本结构动态调整理论是在静态权衡理论的基础上发展而来的，但静态权衡理论的局限性在于不能准确的衡量出公司的目标资本结构，而资本结构动态调整理论在支持目标资本结构的存在性的同时，进一步分析认为公司的目标资本结构会受到公司特征、行业、制度以及其他宏观经济环境的影响，而这些影响因素始终处于动态变化之中，因此受其影响的目标资本结构就不可能是一个固定的比率，而是一个动态的变量。公司在不同的时期并非都处在目标资本结构水平，当实际资本结构偏离目标资本结构时，公司会积极采取措施调整其资本结构向目标值靠拢，因此，资本结构具有动态属性，公司对资本结构的选择及调整也是一个动态的过程。

而在向目标资本结构调整的过程中，由于公司所处的资本市场并不完善，资本市场普遍存在的信息不对称及代理问题会增加公司融资过程的信息成本和代理成本，再加之融资时的一些固定交易成本，如所需的会计费用、律师费用、资产评估费用等，以及融资后要面临的资金使用成本，如股权融资向股东支付的股息和红利，债权融资支付的利息等，这些就构成了公司资本结构调整时的调整成本。由于调整成本的限制和约束，使得公司对其资本结构只能进行部分调整，而无法完全将资本结构调整到其目标值。正如 Myers（1984）[172] 所说，如果没有调整成本，每一个公司可观察的负债比率必然等于它的最优负债比率。但现实情况却是，具有类似公司特征、目标资本结构相同、处于相同市场环境的公司，会表现出不同的资本结构差异（Rajan 和 Zingales，1995）[83]。调整成本的高低会对资本结构动态调整的速度产生影响，公司的调整成本越高，其调整速度就会越慢，偏离目标资本结构的时间就会越长。

综上所述，资本结构动态调整理论的核心思想就是，由于各种内外部影响因素的不断变化，公司的目标资本结构也会随之发生变化，在不同的时期表现为合理但并不相同的负债比例，从而使公司针对资本结构的调整也处在动态当中。在资本结构的动态调整过程中，调整成本会对调整的幅度和速度产生重要的影响。当调整成本很高时，公司不会立即向目标水平进行调整，如果调整成本超过调整收益，公司可能会选择等待，从而导致资本结构偏离目标水平。从本质上看，资本结构是动态的，因此在动态的框架内分析资本结构的选择是比较合理的。资本结构动态调整理论突破了静态权衡理论对资本结构分析的限制，在长期的时间变化中对影响资本结构的因素进行分析，探究资本结构调整的内在规律。而本书将以该理论为基础，对会计制度变迁影响资本结构动态调整的机理进行研究。

3.2.3 动态调整模型

大多数国内外有关资本结构的实证研究都采用的是静态分析方法，但静态分析方法存在以下两个缺陷：第一，相关资本结构的理论都是针对目标资本结构进行分析的，而静态分析所采用的均为公司资本结构的实际观测值，因此容易出现一定的偏差。第二，根据动态资本结构理论，由于调整成本的存在，公司的实际资本结构不可能总处于目标值，但也不会一直偏离目标值，资本结构的实际值会不断地向目标值进行调整，调整速度则受到调整成本的影响。而静态分析方法不能揭示资本结构动态调整的本质。因此，Banerjee（2004）[173]和 Flannery、Rangan（2006）[108]提出应使用动态调整模型来描述公司资本结构的这种动态调整过程：

$$LEV_{it} - LEV_{i,t-1} = \delta_{it} \left(LEV_{it}^{*} - LEV_{i,t-1} \right) \tag{3.1}$$

其中，LEV_{it} 和 $LEV_{i,t-1}$ 分别表示公司在第 t 年和第 $t-1$ 年的实际资本结构；LEV_{it}^{*} 表示公司 i 在第 t 年的目标资本结构；δ_{it} 是资本结构调整系数，表示在一个年度内公司 i 的资本结构向最优水平调整的快慢，可以间接反映调整成本的大小。其中：$\delta_{it}=0$ 表示调整的成本大于收益，所以公司未对其资本结构进行调整；$0<|\delta_{it}|<1$ 表示调整的收益大于调整的成本，公司对资本结构进行了部分调整；$\delta_{it}=1$ 表示公司对资本结构进行了完全调整，即不存在调整成本，也就是公司的实际资本结构就处于目标资本结构的水平。

虽然目标资本结构无法直接观测，但前面的分析表明，可通过一系列的影响因素将其表示出来：

$$LEV_{it}^{*} = F\left(X_{it}, D_i, D_t \right) \tag{3.2}$$

其中，X_{it} 表示影响公司 i 在第 t 年目标资本结构的一组因素；D_i 和 D_t 表示行业和时间虚拟变量。

调整速度也是随时间变化和企业的不同而有所差异的，因此，调整系数可设定为：

$$\delta_{it} = G\left(Z_{it}, D_i, D_t \right) \tag{3.3}$$

其中，Z_{it} 为一组影响调整速度的变量；D_i 和 D_t 表示行业和时间虚拟变量。

这样，我们建立如下的动态调整模型，事实上它是一个部分调整模型。

式（3.1）可以变形为：

$$LEV_{it}=\delta_{it}\bullet LEV_{it}^{*}+\left(1-\delta_{it}\right)\bullet LEV_{i,t-1} \tag{3.4}$$

而式（3.2）和式（3.3）的具体形式为：

$$LEV_{it}^{*}=\alpha_0+\sum_{j}\alpha_j X_{j,i,t}+\sum_{s}\alpha_s D_s+\sum_{t}\alpha_t D_t \tag{3.5}$$

$$\delta_{it}=\beta_0+\sum_{k}\beta_k Z_{k,i,t}+\sum_{s}\beta_s D_s+\sum_{t}\beta_t D_t \tag{3.6}$$

最终，可以用式（3.4）～式（3.6）构成的模型来描述公司资本结构的动态调整过程。本书后面章节将利用该模型对会计制度变迁对公司资本结构动态调整速度的影响进行实证检验。

3.3　会计制度变迁影响资本结构动态调整的机理

根据第 2 章会计制度与资本结构基本关系的分析，会计制度通过会计信息，进而通过融资成本与资本结构发生关联。再结合本章前两节的分析，会计制度随时间不断进行修订、变革，并且同其他制度变迁一样，在其变迁过程中也存在路径依赖，从而导致随着会计制度的变迁，会计信息质量只能发生部分改善，对公司融资成本和融资约束的影响也只能发挥有限的作用。而从动态视角审视资本结构，可以发现公司的目标资本结构受多种因素的影响，这些因素的动态变化导致目标资本结构本身并非固定不变，从而使公司不断向其目标资本结构靠拢的过程呈现出一种动态性，而这种动态调整的方式和速度则受到调整成本大小的影响。那么，会计制度的变迁与公司资本结构的动态调整之间是如何发生关联的？会计制度变迁对公司资本结构的动态调整的速度和方式会产生什么样的影响？这是本章也是本书研究的主题和重点，下面我们将对它们二者之间的作用机理进行详细分析。

根据资本结构动态调整理论的核心思想，每个公司都会存在一个目标资本结构，这个目标资本结构是由公司自身的特征（如公司规模、盈利能力、流动性等）及其所处的外部环境中的其他各种因素（如行业、宏观经济环境、制度环境等）所决定的。由于这些内外部影响因素本身会不断变化，因此公司的目标资本结构也会随之发生变化，在不同的时期表现为合理但并不相同的负债比例；而公司的实际资本结构如果能无限接近甚至等于目标资本结构，则有助于公司实现其价值的最大化，但现实经营过程中的各种随机因素（既包括公司自身经营状况等微观因素，也包括资本市场缺陷等宏观因素）会导致公司的实际资本结构偏离目标资本结构，其实际的负债比率在某一时间点上总是会高于或低于其目标负债比率。因此，理性的公司会不断调整其资本结构使其向目标资本结构靠拢。在没有调整成本的理想情况下，公司可以随时一步到位的将其资本结构调整到目标值，但现实中受到调整成本的影响，公司只能随着内外部环境的变化，采用不同的调整方式对资本结构进行逐步调整，往往不能立即调整至其目标值，同时调整速度的快慢也会随着所处环境的不同而有所不同，从长期来看，实际资本结构是趋向于目标资本结构的。而在公司对其资本结构进行动态调整的整个过程中，会计制度变迁会通过影响会计信息质量，进而影响融资成本和融资约束，从调整速度和调整方式两个方面对资本结构的动态调整产生影响。

3.3.1　会计制度变迁影响公司资本结构动态调整速度的机理

在动态资本结构研究领域，资本结构动态调整速度是指在承认公司存在目标资本结构的前提下，对某一时间段内公司实际资本结构向目标资本结构调整快慢的衡量[174]。根据前文的资本结构动态调整模型，通常用某一时间段内公司资本结构的实际变动值占公司在该时间段开始时实际资本结构偏离目标资本结构数值的比重来衡量资本结构的调整速度，即实际资本结构向目标资本结构调整程度的大小。

根据第2章会计制度与资本结构基本关系的分析，我们知道会计制度通过会计信息，进而通过融资成本与资本结构发生关联。那么会计制度的变迁会如何影响资本结构的动态调整呢？资本结构的调整是通过融资行为实现的，对于公司通过资本市场进行的外源融资来说，无论是获取负债资金还是股权资金，资金提供者和公司之间沟通和交流的最关键和最主要的信息就是会计信息，在资本市场广泛存在信息不对称的情况下，会计信息在解决信息不对称下的逆向选择和道德风险方面发挥着重要的作用。高质量的会计信息能够降低投资者和债权人面临的信息风险水平和对管理者的监督成本，从而能有效地缓解信息不对称程度和解决委托代理问题，改善公司的融资环境，投资者和债权人自然会降低其要求的回报率，减少信息溢价和流动性溢价，从而使公司的融资成本下降，融资约束得以缓解。反之，当会计信息质量下降时，公司融资过程中面临的信息不对称下的逆向选择和道德风险问题便会加剧，投资者和债权人为保障自身的权益，便会提高其提供资金所要求的报酬率，从而使公司的融资成本上升，融资约束加大。

融资成本和融资约束是公司进行资本结构调整时调整成本的主要构成部分，公司会考虑融资成本和融资约束的大小，并与调整收益比较后，做出实际的调整决策，完成资本结构的动态调整。具体来说，融资成本和融资约束会影响公司融资渠道和融资方式的选择以及具体融资渠道和方式下实际融资规模的大小。在考虑各种影响因素而确定了公司的目标资本结构后，公司会根据不同融资方式的融资成本和融资约束程度，做出向目标资本结构靠拢的融资决策，融资决策的结果则会导致公司资本结构的变化，从而使公司完成资本结构的调整。当公司面临的融资成本较低、融资约束得到缓解时，其外部融资时的阻碍或摩擦就更小，从而能更容易的按目标资本结构规定的各种融资渠道融得所需的资金，使得资本结构的调整更灵活，也更易达成，调整速度也会更快；反之，当公司面临的融资成本较高、融资约束严重时，必然导致公司融资能力下降，融资受到制约，资本结构的调整将会受到负面影响。如果公司受制于融资成本和融资约束，长期只能通过单一或受限的融资渠道融资，则总资本中某一类资本所占比例就会逐步增加，其他资本来源所占总资本比例就会逐步减少，长此以往，实际资本结构就会逐步或长期偏离目标资本结构，资本结构的调整速度就会放慢；或者，虽然能够按照目标资本结构规定的融资渠道和方式融资，但融资数量受到限制，也会使实际资本结构一直偏离目标值，不能得到充分调整，调整速度减小；如果这种调整成本超过了调整收益，公司可能会不进行任何资本结构的调整而保持现状，则调整速度为零。

会计信息的生成受制于会计制度，会计制度作为一种制度安排，通过为会计人员提供会计信息加工的技术标准，对具体会计实务进行指导，约束会计主体的会计行为，确保会计信息系统提供全面、真实、可靠、相关的会计信息。同时，会计制度使得不同公司提供的会计信息具有可比性，在各契约主体之间提供了一个共同的知识基础，从而减少会计信息使用者收集、分析、利用会计信息的交易成本，减少了不确定性，提高了信息的透明度和信息含量，从而能够缓解代理冲突，降低交易费用，提高会计信息使用者利用会计信息进行决策的效率和效果。会计制度对会计信息有直接和重要的影响，高质量的会计制度是高质量会计信息的一个重要保证条件。随着会计制度的变迁，会计信息质量也会发生变化，从而导致公司融资成本和融资约束的变化，而融资成本和融资约束的变化又会直接影响资本结构的动态调整速度。当会计制度变迁导致会计信息质量提高时，公司的融资成本和融资约束会降低，其资本结构调整速度会加快；反之，当会计制度变迁导致会计信息质量下降时，公司的融资成本和融资约束会加剧，其资本结构调整速度会减缓。会计制度变迁就是通过对会计信息质量的影响，间接作用于融资成本和融资约束，从而与公司资本结构的动态调整发生关联，对公司向目标资本结构调整的速度产生影响。

此外，前文我们分析了会计制度变迁存在的路径依赖性，即会计制度认知和制度的路径依赖会传递到经济层面，产生经济的路径依赖。会计制度变迁路径依赖的低效率性，使得会计制度的实质性变迁呈现滞后性，导致会计信息质量的提升并不能达到预期效果，只会有部分改善，从而使其在缓解公司融资过程中的信息不对称和委托代理问题方面的作用不能得到充分发挥，使公司面临的融资成本和融资约束不能得到最大程度的降低和减缓，进而会影响公司的实际融资决策，对资本结构的调整速度产生影响，使得公司不能完全调整其资本结构，只能进行部分调整。即会计制度变迁的路径依赖性使得原有会计制度对资本结构调整的影响并不会因为自身的消逝而消失，会阻碍资本结构的快速调整。

3.3.2　会计制度变迁影响公司资本结构动态调整方式的机理

公司资本结构的动态调整不仅存在调整速度问题，也存在调整方式问题。不论公司是调高还是调低其负债比率，就调整方式而言，无非是增加或者减少债务资金和权益资金。基于前文对资本结构及其调整的界定，本书的资本结构调整方式仅限于外部融资渠道中的股权融资和债务融资两种方式，而不再细分每种融资方式中的具体路径。那么，随着会计制度的变迁，公司动态调整其资本结构时会选择哪种方式呢？

前文我们已经分析指出，随着会计制度的变迁，会计信息质量会发生动态变化，从而导致公司的融资成本随之发生变化。当会计制度变迁导致会计信息质量提高时，高质量的会计信息能够降低股东和银行所面临的信息风险，从而减少信息溢价，降低股权融资成本和债务融资成本；反之，当会计制度变迁导致会计信息质量下降时，低质量的会计信息则会导致公司面临较高的股权融资成本和债务融资成本。那么，为达到目标资本结构水平，公司应当采取哪种融资方式对资本结构进行调整呢？

在股权融资和债务融资两种方式中，股权资金和债务资金的提供者主要就是股东和银行等金融机构。作为两种不同性质的资金提供者，股东和银行等金融机构在信息获取渠道、处理信息和防范信息风险方面都存在差异。

在信息获取渠道方面，对于股东尤其是广大中小股东来说，其获取可靠公司信息的渠道很窄，大多仅仅依靠上市公司对外发布的财务报告，而银行等金融机构则不同，除了公司对外发布的财务报告外，还有其他多种渠道可以获得有关公司的更多信息。如从公司在银行办理的存款、结算、汇兑等银行业务中获取有关公司信用、现金流的稳定性以及财务状况等方面的信息。而对于和银行及其他金融机构具有金融关联的公司来说，获取该公司的私有信息则更为便利。如果公司高管，如董事长、总经理、财务总监等具有银行或其他金融机构的工作背景，这种金融关联就为银行和公司或其他金融机构与公司之间搭建了非常便利的交流和沟通的桥梁，可以帮助公司与银行或其他金融机构进行直接对话和联系，有效提高它们之间的信息交流频率和信息透明度，在一定程度上缓解银行或其他金融机构与公司之间的信息不对称问题，降低银行等金融机构的信息收集成本，从而可以比广大中小股东了解更多有关公司的私有信息，降低潜在的风险，因此银行等金融机构更愿意向公司提供贷款，并降低贷款成本。

在处理信息和防范信息风险方面，股东尤其是中小股东往往缺乏专业知识，他们只是被动接受公司披露的信息，缺乏对信息的综合分析和把控能力，不能发现隐藏在信息数字背后的一些潜在风险，也无法有效规避信息风险。而银行等金融机构则具有规模效应，它们拥有大量具备专业知识的人员，可以主动对公司披露的信息进行专业分析，从而挖掘出更深层次的内涵。此外，银行等金融机构与公司之间的资金借贷业务都是借助于债务契约的签订、完善和履行来完成的。在债务契约中通常都会设定相应的财务指标和许多限制性条款，当公司经营状况恶化，不再符合财务指标的要求时，可以依据债务契约的相关规定对公司实施相应的监督或者要求公司提前偿还贷款，而限制性条款则用来防止股东或经理通过发放清算性股利或投资高风险项目侵占债权人的利益。因此，相对于中小股东来说，银行等金融机构具有比较强的信息处理能力和信息风险防范能力。

由此本书认为，与银行、其他金融机构等债权人相比，股东由于信息获取渠道和信息分析方面的劣势和低风险防范能力，会更依赖于会计信息，受会计信息质量影响的程度也会更大。这就意味着，同样水平的会计信息质量，对股权融资成本的影响要大于对债务融资成本的影响，即股权融资成本对于公司的会计信息质量更为敏感。因此，随着会计制度的变迁，当会计信息质量水平发生变化时，股权融资成本变化的幅度会大于债务融资成本变化的幅度。即当会计信息质量提高时，股权融资成本和债务融资成本都会下降，但前者下降的程度会大于后者，公司应当选择股权融资方式对资本结构进行调整；反之，当会计信息质量下降时，股权融资成本和债务融资成本都会上升，但前者上升的程度也会大于后者，此时公司应当选择债务融资方式对资本结构进行调整。

通过以上分析，我们可以将会计制度变迁影响资本结构动态调整速度及调整方式的运行机理用图 3.1 说明。

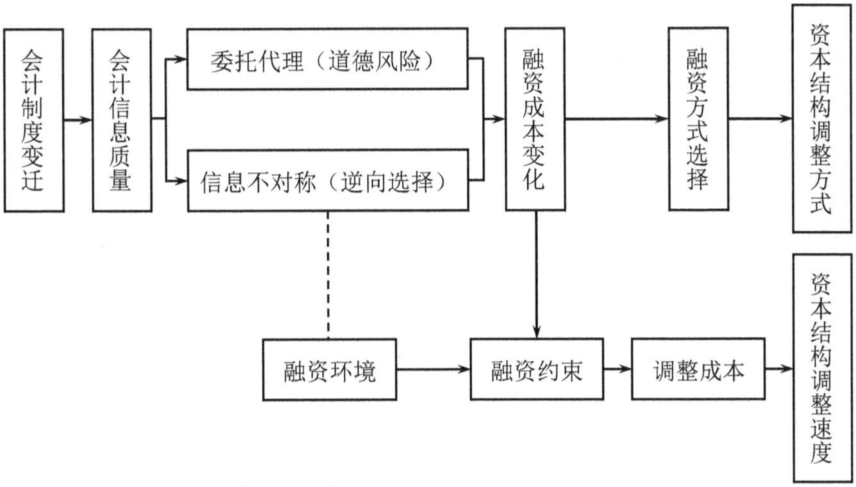

图 3.1　会计制度变迁影响资本结构动态调整的机理

基于以上会计制度变迁对资本结构动态调整速度和调整方式产生影响的内在机理的理论分析，我们将会计制度变迁对资本结构动态调整产生影响的运行路径用图 3.2 予以表述。

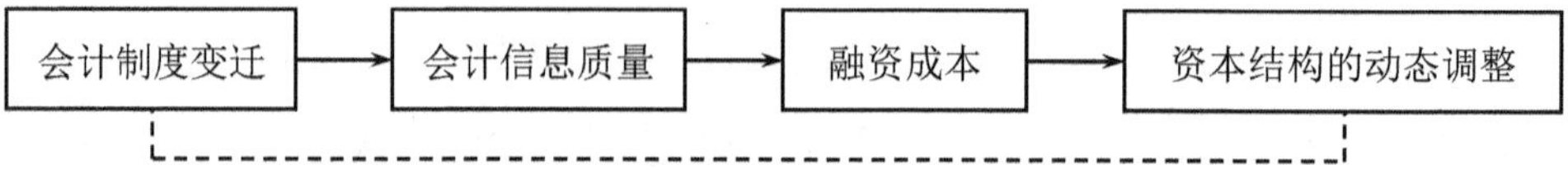

图3.2　会计制度变迁影响资本结构动态调整的运行路径

会计制度变迁会对会计信息质量产生影响，导致会计信息质量发生动态变化；会计信息质量的高低又会对公司融资时股权融资方式和债务融资方式下的融资成本大小及融资约束产生影响；而融资成本和融资约束是公司进行资本结构动态调整时要考虑的主要因素，会对公司实际采用的融资方式（即向目标资本结构调整的方式）以及向目标资本结构调整的速度产生影响，因此会计制度变迁通过影响会计信息质量，进而影响融资成本，对公司资本结构的动态调整产生影响。

为检验该机理在我国的适用性和效果，本书后续章节将对该机理进行实证检验。具体安排如下：第 4 章根据机理提出研究假设；第 5 章进行研究设计，进行样本选择、确定数据来源，设计研究变量及模型；第 6 章则根据图 3.2 所示的运行路径，分三步对该机理进行具体检验：首先，检验会计制度变迁是否对会计信息质量产生了影响，导致会计信息质量发生动态变化；其次，检验会计信息质量的动态变化是否对公司融资成本（包括股权融资成本和债务融资成本）产生不同程度的影响；最后，在上述两个检验的基础上，进一步检验会计制度变迁对公司资本结构动态调整速度及调整方式的影响，即会计制度变迁对会计信息质量，进而对融资成本的影响，是否最终传递到了公司资本结构的动态调整中，导致公司在会计制度变迁的不同阶段调整其资本结构的方式和速度存在差异，并进一步对融资成本在其中发挥的中介作用进行检验。这三步实证检验从逻辑上层层递进，环环相扣，对会计制度变迁是否会影响公司资本结构的动态调整以及如何影响进行检验。

3.4　本章小结

本章首先在对制度经济学家和马克思有关制度变迁的原因和动力进行分析的基础上，指出了制度变迁的实质：用一种效率更高的制度去替代原有的制度。同时通过对技术变迁领域路径依赖的分析，对诺斯的制度变迁路径依赖理论进行了详细的介绍，重点阐释了制度变迁路径依赖产生的原因和传递的途径，得出制度变迁路径依赖具有时间上的滞后性、动态性和低效率性三个主要特征。在对制度变迁和制度变迁的路径依赖性进行分析的基础上，对我国会计制度变迁过程进行了梳理，并对会计制度变迁的路径依赖进行了分析。其次，在对资本结构基本理论的主要内容进行梳理和分析的基础上，分析了资本结构的动态调整理论及动态分析资本结构的模型——动态调整模型。资本结构动态调整理论认为，公司的目标资本结构是动态变化的，其实际资本结构向目标值不断靠拢的过程也是动态的，因此资本结构本质上就是动态的，在动态框架内分析资本结构的动态调整是合理的，而资本结构调整的快慢则与调整成本有关。最后，详细分析了会计制度变迁影响公司资本结构动态调整的机理。会计制度的变迁通过改变会计信息质量的水平，对资本市场中信息不对称程度和委托代理问题产生影响，从而改变资本市场中资金提供者面临的信息风险程度和监督成本、交易成本，影响其对所提供资金报酬率的期望，使公司的融资成本和融资约束发生变化，一方面会对其资本结构调整的速度产生影响，另一方面，会对其资本结构调整的方式产生影响。此外，会计制度变迁的路径依赖性使会计信息质量的提升不能达到预期效果，只会有部分改善，反映到资本结构的调整上，则使公司不能完全调整其资本结构，只能进行部分调整。

第4章

理论分析与研究假设

第3章我们对会计制度变迁对资本结构动态调整速度及调整方式的影响机理进行了分析，认为会计制度变迁会导致会计信息质量发生动态变化，会计信息质量的高低又会通过缓解信息不对称下的逆向选择和委托代理下的道德风险而对公司融资时股权融资方式和债务融资方式下的融资成本大小及融资约束产生影响，并且这两种融资成本对会计信息质量的敏感性不同，因此在会计制度变迁的不同阶段，公司向目标资本结构调整的方式（即实际采用的融资方式）以及向目标资本结构调整的速度也会有所不同。会计制度变迁影响资本结构动态调整的路径就是会计制度变迁通过影响会计信息质量，进而影响融资成本，最终对公司资本结构的动态调整速度及方式产生影响。

如前文所述，我国至今为止已进行了四次大规模的会计制度改革和变迁，其主要目的就是要逐步提高我国的会计信息质量，增强会计信息的有用性，从而强化资本市场优化资源配置的功能。而实际会计制度变迁是否达到了预期的目标，其实施效果如何？我国会计制度变迁带来的会计信息质量的变化是否对上市公司的融资成本产生了影响？我国资本市场中的股东和银行等金融机构是否对会计信息质量具有不同的敏感性？在我国会计制度变迁的不同阶段，公司向目标资本结构的调整方式和调整速度是否存在差异？会计制度变迁的路径依赖是否阻碍了资本结构的快速调整？对这些问题的回答，一方面可以检验第3章影响机理的正确性和合理性，另一方面也可以检验该机理在我国的适用性及效果。为对该影响机理进行检验，根据前文会计制度变迁影响资本结构动态调整的路径，我们将分别对会计制度变迁对会计信息质量的影响、会计信息质量对融资成本的影响差异以及会计制度变迁对资本结构动态调整的影响提出研究假设。

4.1 会计制度变迁影响会计信息质量的假设

会计制度变迁是通过对会计信息质量的影响对公司资本结构的选择产生影响的。会计信息是会计制度影响资本结构动态调整的重要基础和作用媒介，因此在检验会计制度变迁对资本结构动态调整的影响之前，首先需要检验会计制度变迁是否对会计信息质量产生了影响，然后再确定这种影响是否通过融资成本传递到了资本结构动态调整中。因此，我们首先对会计制度变迁对会计信息质量的影响提出研究假设。

通过第 3 章中对我国会计制度变迁过程的梳理，可以发现我国会计制度变迁过程是逐步的、渐进的，每一次变迁的主要目的都旨在进一步规范公司对会计信息的加工和处理，不断提高会计信息质量。

1992 年发布，并于 1993 年 7 月 1 日开始正式实施的《企业会计准则》首次明确提出："会计核算应当遵循稳健性原则的要求，合理核算可能发生的损失和费用"。会计稳健性的地位得到正式确认。稳健性原则的核心就是避免资产或利润的高估及负债或费用的低估。在同年的《行业会计制度》中，会计稳健性的要求在会计计量中也有初步体现。如，对应收账款按账面余额百分比法计提坏账准备，并对坏账准备的计提比例作了严格限定；存货计价时采用后进先出法，固定资产计提折旧时采用加速折旧法。这表明在我国会计制度建立之初就开始强调会计稳健性原则的运用。

1998 年财政部颁布实施的《股份有限公司会计制度》，进一步强调了对可能发生的损失和费用的会计处理，更加突出稳健性原则在实务中的运用。一方面它扩大了减值的计提范围，除了应收账款，存货、短期投资以及长期投资等也相应要求计提减值准备，而且计提比例可根据实际情况进行选择；另一方面在存货的计价上，采用成本与可变现净值孰低法，进一步体现了稳健性原则；此外，还将开办费的摊销由不少于 5 年摊销改为不超过 5 年摊销，等等。

2001 年开始实施的《企业会计制度》进一步扩大了稳健性原则的应用范围，规定“企业在进行会计核算时，应当遵循谨慎性原则的要求，不得多计资产或收益、少计负债或费用，但不得计提秘密准备”，减值准备的计提范围进一步扩大，除了 1998 年准则中要求计提的四项减值准备外，还规定固定资产、在建工程、无形资产和委托贷款项目也允许计提减值准备，并且要求企业对上述资产定期进行减值测试。严格限制收入和利得的确认，将债务重组、非货币性交易以及投资中的某些收益直接计入所有者权益，损失则直接计入当期损失。处理或有事项时，对可以可靠计量的、很可能导致企业经济利益流出的现时义务确认为预计负债计入费用或损失，如果有第三方补偿也只能在企业基本确定能够收到的情况下才能冲减之前确认的损失。对于或有资产不进行披露，只有很可能给企业带来经济利益时才能进行披露；要求开办费在开始生产经营的当月全部转入费用，要求确认预计负债等等。会计准则制定者显然是想通过逐步扩大稳健性的应用范围解决一些企业虚盈实亏等问题，提高我国上市公司的会计信息质量。

由此可见，在 2006 年之前会计制度变迁的过程中，会计制度层面对稳健性原则的强调是从无到有，从弱到强，逐步强化的。李增泉、卢文彬（2003）[175] 研究 1995 ～ 2000 年 A 股上市公司的会计盈余，发现了总体上的稳健性；赵春光（2004）[22] 发现中国会计盈余的稳健性在 1998 年之后明显提高；朱茶芬（2006）[24] 发现 2001 年前后盈余的稳健性和及时性发生了结构性的提升。

我国 1993 年、1998 年、2001 年这三次较大规模的会计改革的主基调都是积极贯彻稳健性原则，提高报告主体的盈余稳健性。2006 年的会计制度改革虽然改变了主要以强化稳健性原则运用的思路，扩大了公允价值计量属性的使用范围，但《企业会计准则：基本准则》仍然要求企业对交易或者事项进行会计确认、计量和报告时应当贯彻稳健性（审慎性）原则，并进一步扩大了资产减值损失的确认范围。这表明，稳健性仍然是我国会计信息质量的一个重要特征。

2006 年财政部颁布 1 项基本会计准则和 38 项具体准则，并于 2007 年 1 月 1 日起开始实施，这标志着我国的会计准则体系与国际趋同。一方面，新准则仍然重视稳健性，首次明确提出将稳健性原则作为会计信息的质量要求，稳健性原则再次在资产减值等准则中得到体现，甚至要求应定期进行减值测试，并且计提减值准备的资产范围已经涵盖了除了货币资金、交易性金融资产等少数资产之外的财务报表上几乎所有的资产。另一方面，新准则改革的重要内容在于适度引入公允价值，如在交易性金融资产、投资性房地产、企业合并、股份支付、非货币性交换等方面都采用了公允价值计量，而且对于债务重组也不再强制性计入所有者权益，而是及时确认利得和损失。这表明新准则对稳健性的运用有适度调整，公允价值计量对不确定性的双向反映弥补了稳健性不对称反映的不足，使新准则更加强调会计信息的决策有用性，强调会计信息"真实与公允"兼备，从而使会计信息更能反映企业的真实情况，能够为企业的所有者、债权人及其他利益相关者提供更多与价值相关的会计信息。罗婷（2008）[176]、卢婷婷（2010）[177]、王建新和赵君双（2010）[178]、叶建华（2011）[35]、李佳琳（2011）[179]、田永涛和顾成军（2011）[180]、顾水彬（2015）[37]等学者的研究都发现2007年新准则比旧会计准则更具有会计信息的价值相关性。胡元木、王磊、徐实（2013）[181]的研究表明2007年新准则中公允价值的大范围应用降低了上市公司的会计稳健性，同时会计盈余的价值相关性提高。

从1992年《企业会计准则》的发布开始，各种准则、制度和补充规定陆续出台，目的都是为了解决会计制度实际应用过程中出现的一些问题，旨在逐步提高和改善我国上市公司的盈余质量。1992年、1998年、2001年三次重大改革中对稳健性原则应用的逐步深入，目的就是为了解决公司中存在的虚盈实亏的问题。1998年改革中首次引入的公允价值，由于成为众多公司管理层操纵利润的合法工具，加上当时缺乏活跃的市场，公允价值难以取得，在2001年的改革中被限制使用，这一改革的目的也是为了解决上市公司利用公允价值进行利润操纵的问题，防止其进行盈余管理。而2006年新准则体系中，虽然公允价值在17个具体准则中被重新引入，但对其应用范围均进行了较为严格的限制，严格界定了公允价值的使用前提，目的也是为了防止公允价值被公司滥用，从而保证会计信息质量。此外，2006年新准则中还有多项规定都旨在约束上市公司进行利润操纵和调节。比如：新准则中明确了减值准备一经计提，不得转回，只能在处置资产时把减值准备一并转出，这就使企业不能再以减值为手段进行利润调节；新准则规定企业合并采用账面价值计量，而不用公允价值，就在一定程度上遏制了企业利用合并重组进行盈余管理，人为操纵利润；新准则在确定合并范围时，不再把股权比例作为硬性要求，而是更关注实质性控制，这样，一些经营业绩不好的子公司也被纳入合并范围，避免了通过降低控股比例剔除经营业绩不好的子公司来粉饰报表的利润操纵行为；新准则要求，企业在确定发出存货的成本时，不得采用后进先出法，也使企业利用变更存货计价方法来进行盈余管理的惯用手段不再符合准则的要求。

通过分析，我们提出以下假设，统称为假设 1。

假设 1.1：盈余质量随会计制度变迁逐步提高。

假设 1.2：会计稳健性水平在会计制度变迁前三个阶段逐步提高，第四个阶段降低。

假设 1.3：会计信息价值相关性随会计制度变迁逐步提高。

4.2 会计信息质量对股权和债务融资成本影响差异的假设

根据信息风险理论，在资本市场中，信息的不完全和不对称会使投资者面临不可分散的风险，为了补偿这种风险，投资者便会抬高所提供资金的价格，从而使公司面临较高的融资成本。前文也指出，会计信息作为资本市场中投资者们尤为关注的信息之一，其质量的高低会通过影响投资者面临的风险水平对其出资价格产生影响。国内外学者也已就此问题展开了很多研究，并且达成了共识：会计信息质量会影响股权融资成本（Botosan、Plumlee 等，2005[182]； Dhaliwal，2011[183]；杨红等，2012[184]；晏艳阳、周志，2014[48]）和债务融资成本（Welker，1995[185]；于富生、张敏，2007[51]；于静霞，2011[52]；吴明礼、戴荣波，2015[186]）。但作为资金提供者的股东和债权人毕竟具有不同的特点，他们获取信息的渠道、处理信息的能力和防范信息风险的能力都存在差异，因此，同样水平的会计信息质量，对股权融资成本和债务融资成本的影响程度应该有所不同，股东和债权人对会计信息质量的敏感程度也应该存在差异。但目前学者们的研究大都分别针对股权融资成本和债务融资成本进行研究，将两种融资成本进行比较研究的还很少见，而这两种融资成本受会计信息质量影响程度的差异将会导致公司在向目标资本结构进行调整时选择不同的融资方式，从而导致资本结构调整方式存在差异。因此，研究股权融资成本和债务融资成本受会计信息质量影响程度的差异及这种差异是否会随着会计信息质量的变化而发生变化将有助于我们清晰的认识和理解会计制度变迁影响公司资本结构动态调整方式的机理。

上市公司的外部资金来源主要有两个：股权资金和债务资金，资金的提供者主要是股东和银行等金融机构。无论是获取哪一类资金，资金提供者和上市公司之间都不能缺少沟通，而沟通的最为关键和主要的信息就是会计信息。高质量的会计信息能够降低股东和银行所面临的信息风险，从而减少信息溢价，降低股权融资成本和债务融资成本。在第3章机理分析中，我们已经从信息获取渠道、处理信息能力、防范信息风险能力三个方面对股东和银行等债权人的差异进行了分析。

股东尤其是广大中小股东往往只能依靠上市公司对外发布的财务报告来获取公司的财务信息，除此之外，没有其他更多的权威渠道。而银行等金融机构则不同，除了对外发布的财务报告外，还可从多种渠道了解公司信息，比如从公司在银行办理的存款、结算、汇兑等银行业务中获取有关公司信用、现金流的稳定性以及财务状况等方面的信息；如果公司与银行及其他金融机构存在金融关联，公司的高管，如董事长、总经理、财务总监等具有银行或其他金融机构的工作背景，那么银行及其他金融机构则可以通过这种金融关联获取更多有关该公司的私有信息。公司作为借款人愿意向小部分贷款银行等金融机构，而不是大量的公共股东披露其公司的私有信息（Bhattacharya 和 Chisea，1995）[187]。Bharath 和 Sunder（2008）[188]认为银行有更好的渠道来获知公司的私有信息。Ciamarra（2012）[189]认为银行家进入到公司董事会，是为了更具体了解公司的财务状况，尤其是了解公司陷入财务困境的可能性。因此，股东和银行等金融机构在获取信息方面的能力是不一样的，拥有信贷大权的银行等金融机构获取信息的渠道和能力显著强于股东。

在处理信息和防范信息风险方面，股东尤其是中小股东往往缺乏专业知识，他们只是被动接受公司披露的信息，缺乏对信息的综合分析能力，不能发现隐藏在信息数字背后的一些潜在风险，也无法有效规避信息风险。而银行等金融机构，一方面拥有大量具备专业知识的人员，他们可以主动对公司披露的信息进行专业分析；另一方面，银行等金融机构还可以通过债务契约条款对可能面临的风险进行控制，比如在债务契约中通常都会依据公司的经营业绩设定与之对应的利息率等价格条款和到期日、抵押品等非价格条款，设定净资产总值、营运资本、利息保障倍数等基于会计数据的约束条款。因此，相对于中小股东来说，银行等金融机构的信息风险防范能力也比较强。

与银行、其他金融机构等债权人相比，股东由于信息获取渠道和信息分析方面的劣势和低风险防范能力，会更依赖于会计信息，受会计信息质量影响的程度也会更大。这就意味着，同样水平的会计信息质量，对股权融资成本的影响要大于对债务融资成本的影响，即股权融资成本对于公司的会计信息质量更为敏感。

因此，我们提出假设 2：会计信息质量对股权融资成本的影响程度大于对债务融资成本的影响。

对于利用会计信息进行经济决策的投资者（股东）和债权人来说，会计信息质量的变化必然会影响他们对公司的预期以及对公司风险水平的判断，从而调整其所要求的风险溢价，使公司面临不同水平的融资成本。根据前文的分析，我们预测同样水平的会计信息质量，对股权融资成本的影响要大于对债务融资成本的影响，那么当会计信息质量水平发生变化时，两种融资成本受会计信息质量影响的程度是否也会发生变化？会计信息质量对这两种成本的影响差异是会增大还是会缩小？我们分析，随着会计信息质量的提高，信息含量不断提升，信息透明度也越来越高，与股东等投资者相比，债权人依靠其他渠道获取信息以及通过其他手段防范风险的比较优势在减小，债权人也会更加重视和关注会计信息；而当会计信息质量下降时，债权人多渠道获取信息以及通过明确的借贷合同来进行约束而具有的这种自我执行的强制性和固定性，使其与股东等投资者相比，优势凸显，因此，低质量的会计信息对股东会造成比较大的影响，而对债权人的影响则相对较小。

基于此，我们提出假设 3：当会计信息质量提高时，会计信息对股权融资成本和债务融资成本的影响差异会缩小；反之，当会计信息质量下降时，会计信息对股权融资成本和债务融资成本的影响差异会变大。

4.3　会计制度变迁影响资本结构动态调整的假设

资本结构动态调整理论支持目标资本结构的存在性，认为公司存在一个最优的资本结构，该资本结构能够使公司实现价值的最大化。对每个公司而言，其目标资本结构是由各种内外部因素共同决定的，如公司特征、行业因素、制度和其他宏观经济因素等，并且这些因素始终处于动态变化之中，因此目标资本结构也是动态变化的，在不同的时期会表现为合理但并不相同的负债比例。公司的理性行为决定了它会努力将实际资本结构向目标值进行靠拢，从而使其资本结构呈现一种围绕目标资本结构不断变化的动态过程。但由于调整成本的存在，公司由实际资本结构向目标值进行调整时，会对调整收益和调整成本进行比较，从而决定是否进行实质的调整或调整幅度的大小，因此调整成本是决定公司资本结构动态调整的关键因素。公司资本结构调整的实现往往是通过增量调整达成的，即通过对外源融资渠道中的股权融资方式和债务融资方式的选择，并对股权资金和债务资金在整个资金中的比重进行权衡，做出融资决策，完成向目标资本结构的调整。因此，不同融资方式的融资成本是调整成本的主要构成部分，融资成本的高低不仅会影响公司向目标资本结构调整的快慢，还会影响其调整的方式。

根据第 2 章对公司融资行为的分析，公司的融资成本的高低与公司信息的透明度密切相关，公司披露的信息越多，信息质量越高，投资者对公司风险的预测、对未来现金流和盈余水平的预测就越准确，融资成本中的风险溢价部分就越小，所要求的投资报酬率也就越低，融资成本也相应降低。而会计信息是资金提供者们能获取的有关公司披露的可靠信息的主要构成部分，其在缓解信息不对称下的逆向选择和委托代理下的道德风险方面发挥着重要的作用，高质量的会计信息能够降低资金提供者的风险预期及风险溢价，从而使公司的融资成本降低。

而会计制度的主要功能就是通过规范公司会计业务处理的程序和方法，保证公司所提供会计信息的质量，并使不同公司之间的信息具有可比性，使人们能够依据会计信息对公司未来经济行为进行合理的预期，从而降低不确定性，减少决策风险。此外，会计制度作为会计工作中遵循的统一标准，在具体规范会计行为的同时，也降低了经济活动中各利益相关者为达成某种契约必须发生的会计信息收集成本和使用成本，能够缓解代理冲突，降低交易费用。因此，会计制度通过对会计信息质量的影响，进而影响公司的融资成本，最终对公司资本结构的动态调整产生影响。基于此分析，我们提出以下假设。

假设 4：会计制度会影响公司资本结构的动态调整。

我们认为会计制度是影响公司资本结构动态调整的制度方面的因素之一，而我国会计制度始终处于动态变化中，至今已经历了四次重大的变迁，从最初的中国特色会计规则过渡到与国际会计准则相协调，最后发展至与国际会计准则趋同。根据制度变迁的路径依赖理论，新制度的制定在一定程度上取决于过去的制度安排；制度变迁的路径依赖具有“滞后性”和低效率性；其路径依赖的传递途径是通过认知层面，经过制度层面，最后达到经济层面，认知和制度的路径依赖将会导致经济的路径依赖，会在经济结果中有所体现。通过前文对我国会计制度变迁过程的梳理，可以发现，我国会计制度变迁也不无例外的存在路径依赖的特性：不仅制度变迁本身采取了逐步、渐进的方式，通过一系列过渡性的制度安排使制度的变迁具有某种“承前启后”的连续性，而且在制度的实际执行过程中，会计人员由于过去认知的影响，对旧制度有一种天然的依赖，主动适应新制度而改变会计处理方法的内在动力不足，使新制度无法完全得到贯彻执行，从而使原有会计制度对公司的影响一直延续，高效率的新制度并不能有效替代旧制度。因此，会计制度的实质性变迁呈现出滞后性和低效率性，导致据此生产的会计信息质量不能得到应有的提升或不能达到预期的提升效果，只能逐步的、部分的加以改善，从而使其在缓解公司融资过程中的信息不对称和委托代理问题方面的作用不能得到充分发挥，使公司面临的融资缓解成本和融资约束不能得到最大程度的降低和减缓，进而对资本结构的调整产生影响。一方面原有会计制度对目前资本结构的选择会产生影响，另一方面路径依赖的低效率特征使得资本结构在向目标资本结构调整时，只能做出部分调整。基于此分析，我们提出以下假设。

假设 5：会计制度变迁的路径依赖性使得新会计制度颁布后，原有会计制度仍会对公司资本结构的调整产生影响，资本结构只能进行部分调整。

那么会计制度变迁具体是如何影响资本结构的动态调整的呢？在第3章机理分析中我们从资本结构调整速度和调整方式两个方面对此进行了分析。首先是调整速度，它是实际资本结构向目标值调整的幅度，如果公司当期的实际资本结构能够最大限度的接近甚至达到目标资本结构，则其调整速度就比较快；反之，如果其资本结构一直偏离目标值，或向目标值调整的幅度很小，则其调整速度就比较慢。要实现资本结构的调整，无非就是通过采取不同的融资方式，以及获取不同数额的资金，以改变公司资金结构中债务资金和股权资金的比例结构来达成。因此，如果公司能够按照目标资本结构的要求，采用所需的融资渠道融得所需数额的资金，那么其资本结构的调整就会更灵活，也更易达成，调整速度就会更快；反之，如果公司无法通过目标资本结构规定的融资渠道或方式融资，或者无法融得所需数量的资金，那么其资本结构就不能得到充分调整，调整速度就会比较慢。这一过程中可能会起到阻碍作用的就是公司融资时面临的融资成本和融资约束，当公司面临的融资成本较高和融资约束严重时，必然导致其融资能力下降，融资受到制约，资本结构的调整将会受到负面影响；而当公司面临的融资成本较低，融资约束得到缓解时，其外部融资时的阻碍或摩擦就会变小，会更容易的进行资本结构的调整。现有文献主要从公司特征因素、行业因素和宏观经济环境等方面研究了影响公司资本结构动态调整速度的因素，如公司规模、成长性、盈利能力、偏离最优负债比率的距离、所属行业、经济周期、资本市场发展状况、宏观经济政策等。但公司制定资本结构调整决策的重要信息依据——会计信息却被大家所忽略。高质量的会计信息能够降低公司融资时的信息不对称程度以及委托代理风险，使公司能够以较低的成本获取融资，缓解融资约束，因此能够更加及时的调整其资本结构。而会计信息的生成受制于会计制度，当会计制度发生变迁时，会计信息的质量也会发生动态变化。由此，我们认为，会计制度变迁会通过会计信息质量水平的变化，对公司资本结构的动态调整速度产生影响。当会计信息质量提高时，对公司资本结构的调整速度产生正面影响；而当会计信息质量下降时，对公司资本结构的调整速度产生负面影响。

其次，再看调整的方式。前文我们已经指出本书研究的是公司通过外部融资渠道再融资进行的资本结构调整，即通过股权融资和债务融资两种方式对公司资产负债率的增量调整，并且不再区分每一种融资方式中各种不同融资路径的具体差异，因此，我们重点关注的问题是公司选择股权融资方式还是债务融资方式。公司在做出融资方式选择时，要考虑的一个很重要的因素就是不同融资方式成本的高低，以及是否能够较容易的获得资金。对于股权资金和债务资金来说，股东和债权人对公司未来风险及盈利能力的预期将决定他们所要求的资金回报率，这对公司而言便是融资的成本。由于股东大多仅仅依靠公司发布的会计信息来衡量公司的经营状况，并且往往缺乏专业知识，不能有效规避不实信息的风险，而债权人可通过多种渠道获取公司的私有信息，并且拥有大量专业人员对信息进行甄别，还可通过债务契约的条款对公司经营进行限制，从而有效地规避风险，因此，股东对会计信息的依赖程度会更大，受其影响也会更大，股权融资成本对会计信息质量会更敏感。随着会计制度的变迁，当会计信息质量水平发生变化时，股权融资成本变化的幅度会大于债务融资成本变化的幅度，即当会计信息质量提高时，股权融资成本和债务融资成本都会下降，但前者下降的程度会大于后者；反之，当会计信息质量下降时，股权融资成本和债务融资成本都会上升，但前者上升的程度也会大于后者。而资本结构的调整又可分为向上调整（目标资本结构大于实际资本结构，即提高负债率）和向下调整（目标资本结构小于实际资本结构，即降低负债率）两种。向上调整的方式包括增加负债和减少所有者权益，向下调整的途径包括偿还负债和增加所有者权益。因此，我们分析，在会计信息质量提高的阶段，公司会选择股权融资方式对资本结构进行调整，其中向上调整的公司会通过减少权益的方式，向下调整的公司会通过增加权益的方式；而在会计信息质量下降的阶段，公司会选择债务融资方式对资本结构进行调整，其中向上调整的公司会采用增加负债的方式，向下调整的公司会选择偿还负债的方式。

基于此，我们提出以下两个假设。

假设6：会计制度因素显著影响资本结构调整速度，会计信息质量越高，调整速度越快；会计信息质量越低，调整速度越慢。

假设7：会计制度因素显著影响资本结构调整方式，当会计信息质量提高时，公司会选择股权融资方式对资本结构进行调整；而当会计信息质量下降时，公司会选择债务融资方式对资本结构进行调整。

在第 1 章文献综述中，我们已指出，现有研究多关注会计制度变迁与会计信息质量以及会计信息质量与融资成本的关系，但却没有将会计制度变迁、会计信息质量、融资成本三者之间的影响传导进一步延伸，与公司资本结构的调整建立联系，对其是否能够影响以及如何影响资本结构的动态调整进行分析。因此，本书第 3 章将会计制度变迁与资本结构动态调整联系起来，从调整速度和调整方式两个方面分析了会计制度变迁对公司资本结构动态调整的影响机理。该机理认为会计制度变迁会对会计信息质量产生影响，导致会计信息质量发生动态变化；会计信息质量的高低又会对公司融资时股权融资方式和债务融资方式下的融资成本大小及融资约束产生影响；而融资成本和融资约束是公司进行资本结构动态调整时要考虑的主要因素，会对公司实际采用的融资方式（即向目标资本结构调整的方式）以及向目标资本结构调整的速度产生影响，因此会计制度变迁通过影响会计信息质量，进而影响融资成本，对公司资本结构的动态调整产生影响。因此，我们认为，融资成本是会计制度变迁影响资本结构动态调整的关键因素，具有重要的中介作用。基于此，我们提出以下假设。

假设 8：融资成本在会计制度变迁对资本结构动态调整的影响中发挥了中介作用。

4.4 本章小结

本章根据第3章会计制度变迁影响资本结构动态调整机理分析所描述的影响路径，通过理论分析，对会计制度变迁对会计信息质量的影响、会计信息质量对融资成本的影响差异以及会计制度变迁对资本结构动态调整速度及调整方式的影响提出研究假设。后面几章将在对会计制度变迁对会计信息质量影响的假设 1 和会计信息质量对融资成本影响的假设 2、假设 3 进行检验的基础上，进一步对会计制度变迁对资本结构动态调整影响的假设 4 ～ 8 进行检验。通过对这些研究假设的检验来验证第 3 章提出的会计制度变迁影响公司资本结构动态调整的机理。

第 5 章

研究设计

第 4 章我们根据会计制度变迁影响资本结构动态调整的路径，分别从会计制度变迁对会计信息质量的影响、会计信息质量对融资成本的影响，以及会计制度变迁对公司资本结构动态调整的影响三个层次提出了八个研究假设，目的就是为了通过对这些假设的检验来验证第3章中会计制度变迁影响资本结构动态调整机理的合理性和在我国的适用性。我们认为，如果会计制度变迁的确影响了会计信息质量，而会计信息质量的变化的确能够对公司不同融资方式下的融资成本产生影响，那么会计制度变迁就能够对公司资本结构的动态调整产生影响，具体可从调整速度和调整方式两个方面体现出来。三个层次层层递进，在检验会计制度变迁对会计信息质量的影响假设以及会计信息质量对融资成本的影响假设的基础上，进一步检验会计制度变迁对公司资本结构动态调整的影响假设。因此，为对这三个层次的八个假设进行实证检验，本章将对本书的研究样本、研究变量、研究模型等进行设计，以保证后续实证检验的合理性及有效性。

5.1 样本选择与数据来源

第3章我们对我国会计制度变迁的过程进行了梳理，并将其划分为四个阶段。但由于我国从 1998 年起才要求对现金流量信息进行披露，而我们的研究中会用到有关现金流量的数据，因此为了保证研究的一致性，本书选取 1998 ～ 2014 年作为研究区间，即仅包括会计制度变迁的第二、三、四三个阶段。以沪深股市发行 A

股的所有上市公司作为原始样本，对样本按如下标准进行筛选：①剔除金融保险类上市公司，因为金融保险行业与其他行业存在较大差别；②剔除同时发行B股或H股的上市公司，这主要是考虑同时发行A股、B股（或H股）的公司数据会在一定程度上受B股（或H股）市场的影响；③为了计算样本公司完整会计年度的市场反应以及控制样本公司上市当年财务包装的影响，剔除当年IPO上市公司；④为避免异常财务状况的影响，剔除样本期间内所有ST类、已退市上市公司；⑤剔除数据缺失及净资产为负的上市公司；⑥为了使不同会计制度变迁阶段的检验具有可比性，避免由于样本公司数量的变化对检验结果产生影响，选取在研究区间（即会计制度变迁的第二、三、四三个阶段）内一直存续的上市公司，即1998年以前已经上市，并且持续到2014年没有退市，最终得到110家样本公司17年的平衡面板数据。本书后续三个层次的实证检验都将使用该数据进行。

本书的研究数据来源于国泰安CSMAR系列研究数据库、《中国金融年鉴》、《中国统计年鉴》。本研究所使用的数据统计和处理软件为Stata12.0。

5.2 变量与模型设计

5.2.1 检验会计制度变迁对会计信息质量影响的变量与模型设计

对于会计信息质量，目前学术界还没有公认的、统一的界定。杨世忠（2008）[190]认为会计信息质量是会计信息满足信息使用者需求特征的总和，将“特征”定义为“质量”。罗斌元（2012）[191]认为会计信息质量是会计信息的固有特征满足信息使用者需求的程度。李鑫（2014）[192]也认为会计信息质量即会计信息满足各信息使用者需求的程度，程度越高质量越高。本书支持后两位学者的界定，将满足信息使用者需求的程度作为会计信息质量的定义。

那么什么是高质量的会计信息呢？可以从哪些方面去判断会计信息质量的高低呢？如何测度出会计信息质量的高低呢？目前，学术界从定性和定量两个方面对会计信息质量进行研究。定性方面主要是从理论上对会计信息应具有的质量标准进行具体描述，即会计信息质量特征；定量方面则是对会计信息质量的评价方法进行研究。定性方面，国际会计准则委员会、美国财务会计准则委员会和我国《企业会计准则：基本准则》都对会计信息质量特征进行了具体描述，虽然基于对会计目标有不同认识的原因，不同主体提出的评价会计信息质量的标准不尽相同，但综合来看，会计信息质量的相关性、可靠性是其中最为重要的两个质量特征，其中相关性主要通过预测性、反馈性和及时性来体现，可靠性主要通过真实性、可验证性、稳健性来体现。而在定量研究方面，学者们也大多从相关性和可靠性方面展开研究，对会计信息质量的高低进行度量。因此，本书针对会计信息质量的衡量也主要考虑相关性和可靠性质量特征，从盈余质量、会计稳健性、会计信息价值相关性三个角度来进行度量。

1. 盈余质量

目前对于盈余质量的界定，也没有一个统一的定义，Francis 等（2004）[1] 认为应从盈余的时间序列特性看盈余质量，从应计利润的质量、持续性、可预测性、平稳性等几个方面来定义盈余质量。DeAngelo（1986）[193] 的研究从盈余管理的角度，通过衡量操控性应计利润的大小来反向替代会计盈余的可靠性。估计的总应计利润或操控性应计利润水平越高，说明盈余数据可靠性越低，盈余质量越差。Dechow 等（2010）[194] 从盈余特征、价值相关性、盈余的不实陈述三个方面刻画盈余质量。我国学者则从规范和实证的角度分别对盈余质量进行了界定。规范研究方面，周浪波（2002）[195] 认为，可以从会计盈余与真实盈余的匹配程度，以及会计盈余与企业未来净现金流量数额、时间的匹配程度两个方面来理解盈余质量。张新民、王秀丽（2003）[196] 指出盈余质量主要涉及盈余的形成过程、盈余的结构以及盈余的结果等方面的质量。在此基础上，他们又进一步指出盈余的结构质量应具备以下几个方面的特性：盈余结构与企业发展战略的符合性、主营业务的核心性、盈余自身结构的协调性、盈余结构与资产结构的匹配性、盈余结构与对应的现金流量结构的趋同性。孙谦（2010）[197] 认为，盈余质量的组成要素包括四个方面，即盈余的时间序列特征、持续性、可预测性和波动性。实证研究方面，一是通过衡量盈余的预测价值，即当期或历史盈余预测公司未来现金流的能力来判断盈余质量的高低，如王庆文（2005）[198]，袁淳、王平（2005）[199]；二是基于市场对会计盈余的反应强度来判断盈余质量的高低，并使用盈余反应系数来进行度量，较高的盈余反应系数说明公司盈余质量也较好，如程小可（2004）[200]，王化成、佟岩（2006）[201]，胡巧玉（2013）[202]；三是借鉴 DeAngelo（1986）[193]

的方法，用应计利润的质量来衡量盈余质量，如沈玉清等（2009）[203]、黄欣然（2011）[204]、王俊秋（2013）[205]、黄琼宇等（2014）[206]、李四海等（2015）[207]。

在实证研究方面，国内外学者更多的是从盈余管理角度来度量盈余质量，通过应计利润模型来衡量盈余质量的高低。而现有文献中的应计利润模型大多建立在 Jones 模型（Dechow 等，1995）[208] 和 DD 模型（Dechow 和 Dechiv，2002）[209] 的基础之上，具体包括 DD 模型、修正 DD 模型、Jones 模型、修正的 Jones 模型以及扩展的 Jones 模型。

Dechow 和 Dechiv 模型（简称 DD 模型）认为，从较长的时期来看，应计利润应与现金流量趋于一致，但短期内应计制会计导致的会计盈余与现金流量的偏离不能相差一年以上。因此，应计利润与现金流量偏离越大，会计盈余的质量就越低。该模型利用时间序列数据，将公司的应计利润分解为上期、本期和下期经营活动产生的净现金流量，据此进行估计，模型估计的残差绝对值越大，表示盈余质量越差。而 Jones 模型认为，会计盈余主要受到固定资产折旧水平和收入变化两个因素影响，管理当局不能操纵主营业务收入和固定资产，因此可以根据主营业务收入变化和固定资产原值来估计非可操控应计利润。修正 DD 模型则是将 Jones 模型与 DD 模型相结合对应计利润进行估计。修正 Jones 模型认为管理层主要通过信用销售来操纵公司的利润，因此该模型在 Jones 模型的基础上对收入变量根据事件期内应收账款的变化进行了调整。而扩展的 Jones 模型则又在修正 Jones 模型的基础上加入无形资产的修正方法。

DD 模型以及修正的 DD 模型根据应计制和经营活动现金流量的关系来衡量盈余质量的高低，但其假设上期和下期现金流量都反映在本期应计中比较牵强，并且没有考虑总应计如何受可操控应计的影响（即管理层的驱动因素）。因此，目前在实证研究中使用较多的是 Jones 模型及以它为基础的修正的 Jones 模型和扩展的 Jones 模型。而对这些模型在我国的适用性，学者们并未达成一致结论。张雁翎、陈涛（2007）[210]，刘文达、于长春、张宏伟、孙文娟（2011）[211] 认为修正的 Jones 模型能更好地衡量盈余管理的程度；而顾振伟、秦默、欧阳令南（2008）[212]，许亮（2014）[213] 则认为扩展的 Jones 模型对盈余管理的计量更加准确。由于目前中国上市公司的土地使用权价值未包括在固定资产中，而是反映在无形资产中，如果忽视无形资产和其他长期资产对非操纵性应计利润的影响，将会低估非操纵性应计利润额，因此本书将采用扩展的 Jones 模型对盈余质量进行度量。具体模型如下：

$$\frac{TA_{it}}{A_{i,t-1}}=\alpha_{1i}\left(\frac{1}{A_{i,t-1}}\right)+\alpha_{2i}\left(\frac{\Delta REV_{it}-\Delta REC_{it}}{A_{i,t-1}}\right)+\alpha_{3i}\left(\frac{PPE_{it}}{A_{i,t-1}}\right)+\alpha_{4i}\left(\frac{IA_{it}}{A_{i,t-1}}\right)+\xi_{it} \tag{5.1}$$

$$\xi_{it}=\frac{TA_{it}}{A_{i,t-1}}-\left[\alpha_{1i}^{*}\left(\frac{1}{A_{i,t-1}}\right)+\alpha_{2i}^{*}\left(\frac{\Delta REV_{it}-\Delta REC_{it}}{A_{i,t-1}}\right)+\alpha_{3i}^{*}\left(\frac{PPE_{it}}{A_{i,t-1}}\right)+\alpha_{4i}^{*}\left(\frac{IA_{it}}{A_{i,t-1}}\right)\right] \tag{5.2}$$

其中，TA_{it} 表示 i 公司第 t 年的总应计利润；ΔREV_{it} 表示 i 公司第 t 年的主营业务收入变动额；ΔREC_{it} 表示 i 公司第 t 年的应收账款变动额；PPE_{it} 表示 i 公司第 t 年的固定资产原值；IA_{it} 表示 i 公司第 t 年的无形资产其他非流动资产的价值；$A_{i,t-1}$ 表示 i 公司第 $t-1$ 年的总资产；ξ_{it} 表示模型估计的残差，取其绝对值即 i 公司第 t 年的操控性应计利润，操控性应计利润与上市公司的盈余质量呈负相关关系，即操控性应计利润越低，则上市公司盈余质量越高；α_{1i}^{*}、α_{2i}^{*}、α_{3i}^{*}、α_{4i}^{*} 表示回归估计所得的特征参数。

2. 会计稳健性

会计稳健性是财务报告的一个重要特征，是关于会计盈余确认和计量的一项重要原则。会计稳健性可以分为两类：条件稳健性和非条件稳健性。条件稳健性是要求公司在盈利确认和计量的过程中，采取非对称的（asymmetric）方式来处理未来可能发生的收益和损失，确认“好消息”比确认“坏消息”要求更严格[214]。Bliss（1924）[215] 将稳健性定义为“不预先确认可能的收益，但预先确认所有可能的损失”。非条件稳健性也称为事前稳健性或资产负债表稳健性，是指会计处理方法在资产或负债形成的时候就已经确定了，不会再根据以后的经营环境而变化，不会受当期消息的影响。目前学者们更多的是对会计的条件稳健性进行研究。

在对会计稳健性的实证研究中，最关键的问题是如何度量会计稳健性。目前，学术界关于会计稳健性的度量方法主要有：盈余 - 股票报酬计量法（AT）（Basu，1997）、盈余持续性计量法（EP）（Basu，1997）、多期间累积的盈余 - 股票报酬计量法（CAT）（Roychowdury 和 Watts，2007）、应计 - 现金流计量法（ACF）（Ball

和 Shivakumar，2005）、净资产账面与市场价值比率法（BTM）（Beav 和 Ryan，2000）、负的累积应计项目计量法（NA）（Givoly 等，2000）[82]。在实证研究中到底应该选取哪种方法？如果不能很好地解决这一问题，就难以得出有效的实证研究结果。张兆国、刘永丽和李庚秦（2012）[216] 从这些计量方法的相关性和可靠性两个方面对这一问题进行了实证考察。他们研究发现，从相关性看，AT 与 BTM、ACF 与 BTM、BTM 与 NA 之间均呈正相关，说明这三组中两种计量方法不可以同时加以采用，其他计量方法之间均呈负相关或不相关，说明可以同时加以采用；从可靠性看，AT 和 ACF 这两种计量方法的可靠性较高，具有比较优势。而 AT 模型在实证研究中应用最为广泛，因此，根据学者们的研究成果，考虑到样本数据的可靠性，本书将采用盈余－股票报酬计量法对会计稳健性进行度量。

Basu（1997）[15] 构建的盈余－股票报酬计量模型如下：

$$\frac{EPS_{it}}{P_{i,t-1}} = \beta_0 + \beta_1 DR_{it} + \beta_2 R_{it} + \beta_3 R_{it} \bullet DR_{it} + \xi_{it} \tag{5.3}$$

其中，EPS_{it} 表示 i 公司在第 t 年期间的每股收益；$P_{i,t-1}$ 表示 i 公司在第 $t-1$ 年年报公布之后 4 月 30 日的股票收盘价格；R_{it} 表示 i 公司 t 年度的股票回报率；DR_{it} 为哑变量，当 $R_{it} < 0$ 时取值为 1，否则为 0；ξ_{it} 表示随机误差项。

在模型（5.3）中，β_2 度量了会计盈余与正的股票年度回报率之间的相关关系，即会计盈余确认“好消息”的及时性；$\beta_2 + \beta_3$ 度量了会计盈余与负的股票年度回报率之间的相关关系，即会计盈余确认“坏消息”的及时性；因此 β_3 度量了会计盈余确认坏消息较之确认好消息的增量及时性，即会计盈余的稳健性程度。由于会计稳健性意味着会计盈余对坏消息的反应比对好消息的反应更为及时充分，故可通过检验是否显著大于零来判断会计盈余是否稳健。

为了检验历次会计制度变迁前后会计稳健性程度的变化情况，我们在模型（5.3）中加入会计制度变迁虚拟变量 D，从而得到模型（5.4）：

$$\begin{aligned}\frac{EPS_{it}}{P_{i,t-1}} &= \beta_0 + \beta_1 DR_{it} + \beta_2 R_{it} + \beta_3 R_{it} \bullet DR_{it} + \beta_4 D \\ &\quad + \beta_5 DR_{it} \bullet D + \beta_6 R_{it} \bullet D + \beta_7 R_{it} \bullet DR_{it} \bullet D + \xi_{it}\end{aligned} \tag{5.4}$$

在模型（5.4）中，除 D 外，其余变量定义同模型（5.3）。

由于研究区间为1998～2014年，因此我们仅对2001年和2007年两次会计制度变迁前后会计盈余稳健性的变化进行检验。在检验2001年会计制度实施后会计盈余稳健性的变化时，年度虚拟变量D表示D_{2001}，即$t \geqslant 2001$时，D_{2001}为1，否则为0。用1998～2006年的数据进行回归。此时，β_3度量了2001年《企业会计制度》实施之前会计盈余的稳健性程度，$\beta_3+\beta_7$度量了2001年《企业会计制度》实施之后会计盈余的稳健性程度，β_7度量了2001年《企业会计制度》实施前后会计盈余稳健性程度的变化。在检验2007年会计制度实施后会计盈余稳健性的变化时，年度虚拟变量D表示D_{2007}，即$t \geqslant 2007$时，D_{2007}为1，否则为0。用2001～2014年的数据进行回归。此时，β_3度量了2007年《企业会计准则》实施之前会计盈余的稳健性程度，$\beta_3+\beta_7$度量了2007年《企业会计准则》实施之后会计盈余的稳健性程度，β_7度量了2007年《企业会计准则》实施前后会计盈余稳健性程度的变化。

由于我们假设会计制度变迁前三个阶段逐步提高，第四个阶段降低，因此预计第一个β_7显著大于0，第二个β_7显著小于0。

3．会计信息价值相关性

财务会计的基本功能就是为外部利益相关者提供决策信息服务，会计信息与决策越相关，那么会计信息质量就越好。价值相关性就是通过分析考察会计信息与股票市场变化之间的关系来判断会计信息质量的好坏，若二者之间存在显著的统计关系（即会计信息是价值相关的），则可以说明会计数字反映了投资者用来评估公司价值的信息以及会计数字被可靠计量并反映在股价中，会计信息质量就较高。会计信息包括净利润、资产、负债、净资产、现金流量等，股票市场变化主要包括股票价格变化、股票价格变化所导致的收益率变化、股票交易量代表的流动性变化等。国内外学者在研究会计信息价值相关性时，主要使用收益模型和（或）价格模型。

收益模型是通过检验每股收益（EPS_{it}）和每股收益的年度变动（ΔEPS_{it}）对上市公司股票年收益率（R_{it}）的影响程度来考察会计信息的价值相关性，具体模型如下：

$$R_{it}=\alpha_0+\alpha_1\frac{EPS_{it}}{P_{i,t-1}}+\alpha_2\frac{\Delta EPS_{it}}{P_{i,t-1}}+\xi_{it}$$

其中，R_{it} 为 i 公司第 t 年 1 月 1 日至第 t 年 12 月 31 日的年股票收益率；$P_{i,t-1}$ 表示 i 公司在第 $t-1$ 年年报公布之后 4 月 30 日的股票收盘价格；ΔEPS_{it} 为 i 公司第 t 年与第 $t-1$ 年的每股收益之差，即 i 公司第 t 年的会计收益年度变化额；α为解释变量的系数值，其大小表示解释变量对被解释变量的解释程度，其符号表示影响的方向。此模型最终检验出来的拟合优度 R^2 则表示解释变量对被解释变量的联合解释程度，即检验每股收益和每股收益的年度变动与企业股票年收益率的价值相关性。

价格模型由 Ohlson（1995）[217] 提出，主要研究净资产与收益对公司市场价值的解释能力，涉及的是资产负债表和利润表两个会计报表。它根据会计盈余和净资产在股票定价中的不同作用，将每股收益（EPS_{it}）、每股净资产（BV_{it}）和股票收盘价（P_{it}）三者有机地联系在一起：

$$P_{it} = \alpha_0 + \alpha_1 EPS_{it} + \alpha_2 BV_{it} + \xi_{it}$$

其中，P_{it} 表示 i 公司在第 t 年年报公布之后 4 月 30 日的股票收盘价格；EPS_{it} 表示 i 公司在第 t 年期间的每股收益；BV_{it} 表示 i 公司在第 t 年年末的每股净资产；ξ_{it} 表示随机误差项。此模型最终检验出来的拟合优度 R^2 则表示解释变量对被解释变量的联合解释程度，也即每股收益和每股净资产与股票价格的相关程度，即会计信息的价值相关性。

收益模型主要考虑股票回报率和会计收益之间的线性关系，而价格模型主要考虑股价和会计数据之间的线性关系。价格模型与收益模型相比具有两大优势：第一，会计盈余信息有可能在年报未公布前就已经在股价中得以反映，由此收益模型就会产生有偏的盈余反应系数，而运用价格模型将克服这一缺陷（Kothari 和 Zimmerman，1995）[218]；第二，价格模型综合研究了资产负债表（净资产）和利润表（净收益）信息的价值相关性，而收益模型只考虑了会计盈余的价值相关性，价格模型实现了从利润表到资产负债表的延伸。因此，本书将采用价格模型对会计信息的价值相关性进行检验，并且除了资产负债表、利润表外，本书还将现金流量表纳入研究范畴，通过分析每股净资产、每股收益、每股经营现金净流量对股价的影响来研究会计信息的价值相关性。同时，考虑到价格模型在计量上会受到规模效应的影响，采纳 Stephen 等（1999）[219] 的建议，在价格模型等式左右两边同除以上年度的股价，以消除规模效应的影响。

因此，根据 Ohlson（1995）提出的价格模型，并考虑现金流量表信息和规模效应问题，最终构建如下修正的价格模型：

$$\frac{P_{it}}{P_{i,t-1}} = \alpha_0 + \alpha_1 \frac{EPS_{it}}{P_{i,t-1}} + \alpha_2 \frac{BV_{it}}{P_{i,t-1}} + \alpha_3 \frac{CFL_{it}}{P_{i,t-1}} + \xi_{it} \tag{5.5}$$

其中，P_{it} 表示 i 公司在第 t 年年报公布截止日股票的收盘价格，即财务报告期间次年 4 月 30 日的股票收盘价格；$P_{i,t-1}$ 表示 i 公司在第 $t-1$ 年年报公布之后 4 月 30 日的股票收盘价格；EPS_{it} 表示 i 公司在第 t 年期间的每股收益；BV_{it} 表示 i 公司在第 t 年年末的每股净资产；CFL_{it} 表示 i 公司在第 t 年末的每股经营活动现金净流量；ξ_{it} 表示随机误差项。

通过比较分析运用模型（5.5）计算出的各阶段判定系数 R^2（调整后的拟合优度）的大小，可判定会计信息总体价值相关性的大小及变化趋势；而模型中 α_1、α_2、α_3 则分别表示每股收益、每股净资产和每股经营活动现金净流量对股票价格的解释程度，即价值相关性系数，如果显著为正，表明会计信息能够正确反映股价信息，即会计信息具有价值相关性。

由于我们假设会计信息价值相关性随会计制度变迁逐步提高，因此预计各阶段判定系数 R^2 逐步增大。

5.2.2　检验会计信息质量对股权和债务融资成本影响差异的变量与模型设计

1. 变量设计

（1）会计信息质量。盈余信息是会计信息的典型代表，盈余质量是会计信息质量特征的综合反映，所以我们以盈余质量作为会计信息质量的度量，其计量方法采用前文的扩展 Jones 模型，在此不再赘述。

（2）股权融资成本。目前，股权融资成本度量方法主要有两大类：一类是以资本资产定价模型（CAPM）为代表的包括 CAPM 法、Fama-French 三因素法以及 APT 法等方法，该类方法中各种方法之间的差异主要源自影响资本成本的各类风险因素，我们将其称为因素分析法；另一类是以股利折现模型为基础的估算方法，包括剩余折现模型（RIM）和 Ohlson-Juettner（OJ）等方法，该类方法的特点是对未来盈余进行折现，我们将其称为收益盈余折现法。

各种方法的选择原则主要在于估算数据的可获得性和估算结果的可靠性。在众多估算股权融资成本的方法中，资本资产定价模型（CAPM）虽然受到了一些质疑，但由于理论成熟、计算简单、操作方便，并且数据获取比较容易，在整个估算过程中主观因素的影响较小，其测算结果的可比性相对较强，因此被大家普遍认可和广泛使用，如姜付秀、支晓强、张敏（2008）[220]，汪平、袁光华（2010）[221]，张圣利（2012）[222]。因此，本书也借鉴以上学者的研究，采用资本资产定价模型（CAPM）来计算公司的股权融资成本，模型如下：

$$R_j = R_f + \beta\left(R_m - R_f\right) \tag{5.6}$$

其中，R_j表示公司j的股票收益率；R_f表示无风险报酬率，本书用10年期国债的年收益率来代替；β为上市公司的系统性风险系数，可直接从国泰安CSMAR系列研究数据库中取得；R_m表示股票市场年收益率，本书选用考虑现金红利再投资的综合年市场回报率（等权平均法）。

（3）债务融资成本。由于我国上市公司财务报告未按照债务的不同类别分别披露债务利息（比如银行贷款、债券等），因此我们借鉴蒋琰（2009）[223]的方法，使用综合债务成本进行计量，即通过利息总支出/长短期债务总额平均值来计算债务融资成本。其中，短期负债为短期借款，长期负债包括一年内到期的非流动负债、长期借款、应付债券、长期应付款和其他非流动负债；利息总支出主要来自“财务费用”，再加上资本化支出金额部分（根据公司年报附注获得）。

（4）控制变量。在研究会计信息质量对股权融资成本的影响时，参考已有相关文献，如黎明、龚庆云（2010）[50]，胡海川、张心灵（2013）[47]，赵耀、乔贵涛、张健（2014）[13]，选取公司规模（*Size*）、总资产净利润率（*ROA*）、成长性（*Growth*）、财务风险（*Lev*）、经营风险（*Oprisk*）作为控制变量。

在研究会计信息质量对债务融资成本的影响时，参考已有相关文献，如于静霞（2011）[52]，魏志华、王贞洁、吴育辉、李常青（2012）[224]，刘艳宏（2014）[225]，陈汉文、周中胜（2014）[226]，选取公司规模（*Size*）、总资产净利润率（*ROA*）、财务风险（*Lev*）、利息保障倍数（*Intcov*）、抵押能力（*Fixass*）作为控制变量。此外，还控制了行业（*Industry*）和年度（*Year*）因素对股权融资成本和债务融资成本的影响。

对以上涉及的所有变量进行汇总，如表 5.1 所示。

表 5.1　变量设计与说明

变量类型	变量名称	变量符号	变量含义
被解释变量	股权融资成本	*Costequity*	采用资本资产定价模型（CAPM）计算
	债务融资成本	*Costdebt*	利息总支出/长短期债务总额平均值
解释变量	会计信息质量	*DA*	用盈余质量进行度量，通过扩展的 Jones 模型获得
控制变量	公司规模	*Size*	公司资产总额的自然对数
	盈利能力	*ROA*	总资产净利润率
	成长性	*Growth*	主营业务收入增长率，采用（本年主营业务收入－上年主营业务收入）/上年主营业务收入计算
	财务风险	*Lev*	公司财务杠杆
	经营风险	*Oprisk*	公司经营杠杆系数
	利息保障倍数	*Intcov*	息税前利润/利息费用
	抵押能力	*Fixass*	固定资产净值/总资产
	行业因素	*Industry*	按行业设置虚拟变量
	年度因素	*Year*	按年度设置虚拟变量

2. 模型设计

为了检验会计信息质量对股权融资成本的影响，建立以下模型：

$$Costequity_{it} = \beta_0 + \beta_1 DA_{i,t-1} + \beta_2 Size_{i,t-1} + \beta_3 ROA_{i,t-1} + \beta_4 Growth_{i,t-1} + \beta_5 Lev_{i,t-1} + \beta_6 Oprisk_{i,t-1} + \sum Industry + \sum Year + \xi_{it} \tag{5.7}$$

为了检验会计信息质量对债务融资成本的影响，建立以下模型：

$$Costdebt_{it} = \alpha_0 + \alpha_1 DA_{i,t-1} + \alpha_2 Size_{i,t-1} + \alpha_3 ROA_{i,t-1} + \alpha_4 Lev_{i,t-1} + \alpha_5 Fixass_{i,t-1} + \alpha_6 Intcov_{i,t-1} + \sum Industry + \sum Year + \xi_{it} \tag{5.8}$$

5.2.3　检验会计制度变迁影响资本结构动态调整的变量与模型设计

1．会计制度变迁影响资本结构动态调整速度的变量与模型

（1）变量设计。

①资本结构。资本结构一般用资产负债率来表示，主要有账面资产负债率和市场资产负债率两种。鉴于本书的解释变量都是取自账面价值，为了保持一致性，关于资本结构的计量也采用账面价值，即账面负债/账面总资产。其中账面负债是公司的有息债务，包括短期借款、一年内到期的长期负债和长期负债。

②会计制度。用盈余质量来代替会计制度因素，以盈余质量对资本结构的影响为代表来表述会计制度对资本结构的影响。盈余质量的计量方法也采用扩展的Jones模型，在此不再赘述。

③影响目标资本结构的变量。国内外学者有关公司特征因素对资本结构影响的研究已经非常成熟，因此我们借鉴大多数学者的做法，选取了资产流动性（*Liqu*）、公司规模（*Size*）、成长性（*Growth*）、资产有形性（*Tang*）、盈利能力（*Prof*）作为公司特征变量来拟合目标资本结构，并控制了行业（*Industry*）和年度（*Year*）因素。

④影响资本结构调整速度的变量。影响资本结构调整速度的变量除了本书要重点研究的会计制度因素外，根据前文文献综述，国内外学者对资本结构动态调整速度影响因素的研究主要集中在公司特征因素、行业和宏观经济因素方面。因此，我们借鉴大多数学者的做法，选取了公司特征因素中的公司规模（*Size*）、成长性（*Growth*）和盈利能力（*Prof*）作为控制变量。

对以上所有变量进行汇总，如表5.2所示。

（2）模型设计。Rajan和Zingales（1995）[83]，Banerjee等（2004）[173]，Flannery和Rangan（2006）[108]，王志强、洪艺珣（2009）[227]等人都认为资本结构的调整应该从动态上进行研究，只有动态地观察资本结构的运动，才能更好地揭示资本结构调整的内在规律，因此在实证检验中应采用动态模型研究资本结构的调整问题。随着计量经济学在动态面板数据方面的不断发展，使得研究资本结构影响因素的实证方法由静态转向动态变为可能，目前大多数文献也都在实证分析中采用动态调

表 5.2　变量设计与说明

变量类型	变量名称	变量符号	变量含义
被解释变量	资本结构	*LEV*	账面负债/账面总资产
解释变量	会计制度	*DA*	用盈余质量进行度量，通过扩展的 Jones 模型获得
控制变量	资产流动性	*Liqu*	流动资产/流动负债
	公司规模	*Size*	总资产的自然对数
	成长性	*Growth*	主营业务收入增长率，采用（本年主营业务收入－上年主营业务收入）/上年主营业务收入计算
	资产有形性	*Tang*	（固定资产净值＋存货）/总资产
	盈利能力	*Prof*	净利润/资产总额
	行业	*Industry*	按行业设置虚拟变量
	年度	*Year*	按年度设置虚拟变量

整模型来分析资本结构的动态调整。所以，本书也借鉴 Banerjee 等（2004）[173]、Flannery 和 Rangan（2006）[108] 的研究，采用如下动态调整模型：

$$LEV_{it}-LEV_{i,t-1}=\delta_{it}\left(LEV_{it}^{*}-LEV_{i,t-1}\right) \qquad (5.9)$$

其中，LEV_{it} 和 $LEV_{i,t-1}$ 分别表示 i 公司在第 t 年度和第 $t-1$ 年度的实际资本结构；LEV_{it}^{*} 表示 i 公司在第 t 年度的目标资本结构；δ_{it} 是资本结构调整系数，由资本结构的调整成本决定，表示 i 公司在第 t 年度向目标资本结构调整的快慢。$\delta_{it}=0$ 表示调整的成本大于收益，所以公司未对其资本结构进行调整；$0<|\delta_{it}|<1$ 表示调整的收益大于调整的成本，公司对资本结构进行了部分调整；$\delta_{it}=1$ 表示公司对资本结构进行了完全调整，即不存在调整成本，也就是公司的实际资本结构就处于目标资本结构的水平。

目前大多数学者都认为公司存在目标资本结构，如王正位、赵冬青、朱武祥（2007）[113]，王志强、洪艺珣（2009）[227]，并采用线性模型对目标资本结构进行估计，但大多只把公司的特征变量作为解释变量来衡量资本结构的影响因素。而前文我们分析得出，制度是影响公司资本结构的重要因素之一，会计制度的变迁会对公司资本结构的调整产生影响。因此我们把会计制度因素作为解释变量引入到预测目标资本结构的模型中，把公司特征变量作为控制变量，并控制行业和年度因素，得到如下目标资本结构模型：

$$LEV_{it}^{*}=\alpha_0+\alpha_1 DA_{i,t-1}+\sum_{j=1}^{L}\beta_j X_{j,i,t-1}+\sum Industry+\sum Year+\xi_{it} \tag{5.10}$$

其中，$X_{j,i,t-1}$（$j=1, 2, \cdots, L$）表示影响 i 公司第 t 年度目标资本结构的 L 个公司特征因素；β_j 是第 j 个特征因素的系数；$DA_{i,t-1}$ 表示 i 公司在第 $t-1$ 年的会计制度因素，其数据来自扩展的 Jones 模型；*Industry* 为 i 公司所属行业的虚拟变量；*Year* 为时间虚拟变量；ξ_{it} 表示公司未观测到的特殊效应的影响。

将模型（5.10）代入模型（5.9），得到：

$$\begin{aligned}LEV_{it}=&\delta_{it}\alpha_0+(1-\delta_{it})LEV_{i,t-1}+\delta_{it}\alpha_1 DA_{i,t-1}+\delta_{it}\sum_{j=1}^{L}\beta_j X_{j,i,t-1}\\&+\delta_{it}\sum Industry+\delta_{it}\sum Year+\xi_{it}\end{aligned} \tag{5.11}$$

我们对模型（5.11）进行估计，得到估计目标资本结构 LEV_{it}^{*} 的各个参数的估计值，代入模型（5.10）就可得到 LEV_{it}^{*}。由于模型（5.11）是分布滞后模型，含有滞后变量 $LEV_{i,t-1}$，需要用到二阶段最小二乘法（2SLS）、工具变量法（IV）、广义矩方法（GMM）等方法进行估计。尽管每种方法都有其优缺点，目前学术界比较推崇 GMM 方法，如 Frydenberg（2003）[107]、黄辉（2010）[132]，因为 GMM 是一个稳健估计量，在经济计量学的很多领域得到了广泛应用。它不要求扰动项的准确分布信息，允许随机误差项存在异方差和序列相关，并且所得到的参数估计量要比其他参数估计方法更合乎实际。由于系统 GMM 可以有效地减少弱工具变量带来的误差，本书也将选用该方法，把模型（5.11）右边变量的二阶滞后变量作为工具变量，并利用萨根（Sargan）检验这些工具变量与残差之间的独立性。

在得到目标资本结构 LEV_{it}^{*} 后，我们对模型（5.9）进行 OLS 回归来估计资本结构的调整速度，以此作为本书估计资本结构调整速度的基准模型。

由于我们重点要研究的是会计制度因素对资本结构调整速度的影响，而调整速度也会随时间和公司特征而发生变化，因此为了单独衡量会计制度因素对调整速度的影响程度，借鉴姜付秀和黄继承（2011，2015）[142][143]，黄继承、朱冰、向东（2014）[150] 的方法，将会计制度变量加入到资本结构调整系数 δ_{it} 中，并选取前文提到的三个公司特征因素作为控制变量，由此调整系数 δ_{it} 可设定为：

$$\delta_{it} = \gamma_0 + \gamma_1 DA_{i,t-1} + \sum_{k=1}^{3} \beta_k X_{k,i,t-1} + \xi_{it} \tag{5.12}$$

其中，$DA_{i,t-1}$ 表示 i 公司第 $t-1$ 年度的会计制度影响因素，其数据来自扩展的 Jones 模型；$X_{k,i,t-1}$（$k=1$，2，3）表示影响 i 公司第 t 年度资本结构调整速度的三个公司特征因素；β_k 是第 k 个特征因素的系数；ξ_{it} 表示公司未观测到的特殊效应的影响。

将式（5.12）代入式（5.9），就得到：

$$LEV_{it} - LEV_{i,t-1} = \left(\gamma_0 + \gamma_1 DA_{i,t-1} + \sum_{k=1}^{3} \beta_k X_{k,i,t-1} \right) \bullet \left(LEV_{it}^{*} - LEV_{i,t-1} \right) + \xi_{it} \tag{5.13}$$

其中，LEV_{it}^{*} 的值通过模型（5.11）和模型（5.10）可以估计得到；γ_1 为交互变量 $DA_{i,t-1}\left(LEV_{it}^{*} - LEV_{i,t-1} \right)$（$i$ 公司第 $t-1$ 年度的会计制度因素 $DA_{i,t-1}$ 和资本结构偏离程度 $LEV_{it}^{*} - LEV_{i,t-1}$）的系数，表示会计制度因素对资本结构调整速度的影响，这将是我们讨论的重点。如果γ_1 显著为负，说明 DA 越大，会计信息质量越低，公司趋向目标值调整资本结构的速度越慢，DA 越小，会计信息质量越高，公司趋向目标值调整资本结构的速度越快；反之，如果γ_1 显著为正，说明 DA 越大，会计信息质量越低，公司趋向目标值调整资本结构的速度越快，DA 越小，会计信息质量越高，公司趋向目标值调整资本结构的速度越慢。通过对模型（5.13）进行 OLS 回归，可以验证和分析在会计制度变迁的不同阶段，会计制度因素对资本结构调整速度的影响。

需要说明的是，按照实际资本结构与目标资本结构关系的不同，资本结构的调整方向分为向上调整和向下调整，不同调整方向下公司调整资本结构的成本和收益存在较大差异，因而资本结构调整速度具有明显的不对称性（Faulkender 等，2012）[228]。更重要的是，会计制度通过会计信息质量对股权融资成本和债务融资成本的影响程度也不同，由此可能对调整速度的影响存在差异。因此，本书在分阶段总体研究的同时，在每一阶段还区分了高于目标（向下调整）和低于目标（向上调整）两种情况分别进行检验。

2. 会计制度变迁影响资本结构动态调整方式的变量与模型

（1）变量设计。公司资本结构的调整主要体现在其资金来源的结构变化上，而本书研究的是公司通过外部融资渠道中的股权融资和债务融资两种方式对公司资本结构的调整，关注会计制度变迁对这两种融资方式选择的影响。股权资金和债务资金的净改变，主要包括发行债务、发行股票、偿还债务和回购股票这四种。从我国上市公司的融资实践看，公开发行债券和股票回购行为都不常见，债务资金绝大部分来源于银行贷款（Hale，2007）[229]。因此，本书以债务融资变动比例和股权融资变动比例来衡量公司资本结构的调整方式，具体包括增加有息负债、减少有息负债、增加权益融资和减少权益融资。借鉴Fama和French（2005）[230]，黄辉（2009）[231]，黄继承、朱冰、向东（2014）[150]的研究思路，我们设计以下几个变量，首先检验公司通过哪些调整方式来进行资本结构调整，然后检验会计制度因素对这些调整方式的影响。

①资本结构调整哑变量。资本结构调整方式包括前述4种，我们先分别进行界定。

股权融资变动比例为年度股权融资变动额占公司年度融资总变动额的比重。公司年度融资总变动额就是公司资产负债表中总资产（*total assets*，*TA*）的变动额，也即$\Delta TA = TA_t - TA_{t-1}$；年度股权融资变动额就等于资产负债表中股权融资的变动值减去净利润，即$\Delta SI = SI_t - SI_{t-1} - Prof_t$，所以$\dfrac{\Delta SI}{\Delta TA}$即股权融资变动比例。而增加权益融资定义为，$\dfrac{\Delta SI}{\Delta TA}$大于或等于0.05，即年度新增股东权益减去净利润除以年度融资总变动额大于等于5%时，取1，否则取0；减少权益融资定义为，$\dfrac{\Delta SI}{\Delta TA}$小于或等于－0.05，即年度减少股东权益减去净利润除以年度融资总变动额小于等于－5%时，取1，否则取0。

债务融资变动比例为年度债务融资变动额占公司年度融资总变动额的比重。年度债务融资变动额就等于资产负债表中债务融资（主要指公司的有息债务，包括短期借款、一年内到期的长期负债和长期负债）的变动值，即$\Delta DI = DI_t - DI_{t-1}$，所以$\dfrac{\Delta DI}{\Delta TA}$即债务融资变动比例。而增加有息负债定义为，

$\frac{\Delta DI}{\Delta TA}$大于或等于 0.05，即年度新增有息负债除以年度融资总变动额大于等于 5%时，取 1，否则取 0；减少有息负债定义为，$\frac{\Delta DI}{\Delta TA}$小于或等于－0.05，即年度减少有息负债除以年度融资总变动额小于等于－5%时，取 1，否则取 0。

$Adjust-N_{i,t}$表示资本结构调整哑变量。由于资本结构调整包括上述 4 种方式，N表示第N种调整方式，如果i公司在第t年度进行了第N种调整，则取值为 1，否则为 0。

②资本结构偏离程度。资本结构偏离程度是指公司当期资本结构与目标资本结构的差距，用公司 t 年初资本结构偏离目标值的绝对值$Dev_{it}=\left|LEV_{it}^{*}-LEV_{i,t-1}\right|$来表示。

③会计制度。与前文一致，仍旧用盈余质量来代替会计制度因素，盈余质量的计量方法也采用扩展的 Jones 模型，在此不再赘述。

④控制变量。根据第 1 章对公司资本结构影响因素的综述，结合前文目标资本结构和资本结构调整速度的影响因素，我们选取成长性（*Growth*）、资产有形性（*Tang*）、盈利能力（*Prof*）作为控制变量。此外，有学者发现，公司融资方式不仅取决于企业自身的融资需求，还取决于金融市场的供给面因素，如 Lemmon 和 Roberts（2010）[232]，于蔚、金祥荣、钱彦敏（2012）[233]，王淑娜（2014）[234]。因此我们又选取了信贷规模（*Cred*）、股权扩容规模（*Equi*）对资金供给因素进行了控制，同时控制了行业（*Industry*）和年度（*Year*）。

对以上所有变量进行汇总，如表 5.3 所示。

（2）模型设计。为了检验会计制度因素对公司资本结构调整方式的影响，我们建立以下模型：

$$P\left(Adjust-N_{i,t}=1\right)=\phi\left(\alpha_0+\alpha_1 Dev_{i,t-1}+\sum_j\beta_j X_{i,t-1}+\xi_{it}\right)\qquad(5.14)$$

$$P\left(Adjust-N_{i,t}=1\right)=\phi\left(\alpha_0+\alpha_1 Dev_{i,t-1}+\alpha_2 DA_{i,t-1}+\alpha_3 DA_{i,t-1}\bullet Dev_{i,t-1}+\sum_j\beta_j X_{i,t-1}+\xi_{it}\right)\qquad(5.15)$$

表 5.3 变量设计与说明

变量类型	变量名称	变量符号	变量含义
被解释变量	资本结构调整虚拟变量	$Adjust-N_{i,t}$	N 表示第 N 种调整方式，如果 i 公司在第 t 年度进行了第 N 种调整，则取值为 1，否则为 0
解释变量	资本结构偏离程度	$Dev_{i,t-1}$	$\left\|LEV_{it}^{*}-LEV_{i,t-1}\right\|$
	会计制度	DA	用盈余质量进行度量，通过扩展的 Jones 模型获得
控制变量	信贷规模	$Cred$	各项贷款余额与 GDP 之比
	股权扩容规模	$Equi$	股票筹资额与 GDP 之比
	成长性	$Growth$	主营业务收入增长率，采用（本年主营业务收入－上年主营业务收入）/上年主营业务收入计算
	资产有形性	$Tang$	（固定资产净值＋存货）/总资产
	盈利能力	$Prof$	净利润/资产总额
	行业	$Industry$	按行业设置虚拟变量
	年度	$Year$	按年度设置虚拟变量

其中，$Adjust-N_{i,t}$ 表示资本结构调整哑变量；$Dev_{i,t-1}$ 表示资本结构偏离程度；$X_{i,t-1}$ 表示控制变量，运用 Logit 模型进行回归分析。

先利用模型（5.14）来检验资本结构偏离程度与资本结构调整方式的关系，以研究公司通过哪些方式来调整自身资本结构。如果对于某一调整方式 N，偏离程度的回归系数 α_1 显著为正，则说明偏离程度越大，公司利用方式 N 来调整资本结构的可能性就越大，这意味着公司会通过方式 N 向目标资本结构进行调整。

在模型（5.14）的基础上，模型（5.15）增加了会计制度与偏离程度的交互项，以此来检验会计制度对资本结构趋向目标值调整方式的影响。如果回归系数 α_3 显著为正，则说明在相同的偏离程度下，DA 越大，会计信息质量越低，公司通过方式 N 来调整资本结构的可能性越大；DA 越小，会计信息质量越高，公司通过方

式 N 来调整资本结构的可能性越小。反之，如果 α_3 显著为负，则说明 DA 越大，会计信息质量越低，公司通过方式 N 来调整资本结构的可能性越小；而 DA 越小，会计信息质量越高，公司通过方式 N 来调整资本结构的可能性越大。

需要说明的是，对于总体样本来说，调整行为和方式的含义并不明确。因此，对调整方式的检验仅区分高于目标（向下调整）和低于目标（向上调整）两种情况分别进行。

3. 融资成本中介效应研究的变量与模型

中介效应是指变量间的影响关系（$X\rightarrow Y$）不是直接的因果关系，而是通过一个或一个以上的变量（M）间接产生影响，此时我们称 M 为中介变量，X 通过 M 对 Y 产生的间接影响为中介效应。目前，学者们大多采用 Baron 和 Kenny（1986）[235]提出的检验中介变量的方法对中介效应进行检验。具体过程分为三步。①进行自变量 X 和因变量 Y 的关系检验，如果前者对后者的影响具有显著性，则进行第 2 步检验。②进行自变量 X 和中介变量 M 的关系检验，如果前者对后者的影响也具有显著性，则再进行第 3 步检验。③将自变量 X、中介变量 M 一同纳入同一方程中，检验它们对因变量 Y 的影响，如果自变量 X 对因变量 Y 的影响不再存在，则可以证明自变量对因变量的影响完全由中介变量传递，即存在完全中介效应；如果自变量 X 对因变量 Y 的影响减弱，则存在部分中介效应。本书也将采用该方法对融资成本在会计制度与资本结构动态调整之间发挥的中介效应进行检验。

（1）变量设计。为检验融资成本中介效应，涉及到的变量主要是会计制度（自变量）、资本结构（因变量）和股权融资成本、债务融资成本（中介变量）。前文对这些变量都已详细表述，在此不再赘述。

（2）模型设计。为检验会计制度与资本结构之间的关系，可利用前文的模型（5.11）：

$$LEV_{it}=\delta_{it}\alpha_0+\left(1-\delta_{it}\right)LEV_{i,t-1}+\delta_{it}\alpha_1 DA_{i,t-1}+\delta_{it}\sum_{j=1}^{L}\beta_j X_{j,i,t-1}$$
$$+\delta_{it}\sum Industry+\delta_{it}\sum Year+\xi_{it}$$

为检验会计制度与中介变量股权融资成本、债务融资成本之间的关系，可利用前文的模型（5.7）和模型（5.8）：

$$Costequity_{it} = \beta_0 + \beta_1 DA_{i,t-1} + \beta_2 Size_{i,t-1} + \beta_3 ROA_{i,t-1} + \beta_4 Growth_{i,t-1} + \beta_5 Lev_{i,t-1} + \beta_6 Oprisk_{i,t-1} + \sum Industry + \sum Year + \xi_{it}$$

$$Costdebt_{it} = \alpha_0 + \alpha_1 DA_{i,t-1} + \alpha_2 Size_{i,t-1} + \alpha_3 ROA_{i,t-1} + \alpha_4 Lev_{i,t-1} + \alpha_5 Fixass_{i,t-1} + \alpha_6 Intcov_{i,t-1} + \sum Industry + \sum Year + \xi_{it}$$

为检验中介效应，将两个融资成本中介变量纳入模型（5.11），得到模型（5.16），通过分析加入股权融资成本和债务融资成本后会计制度对资本结构的影响是否有显著的变化，验证融资成本的中介作用：

$$LEV_{it} = \delta_{it}\alpha_0 + \left(1-\delta_{it}\right) LEV_{i,t-1} + \delta_{it}\alpha_1 DA_{i,t-1} + \delta_{it}\sum_{j=1}^{L}\beta_j X_{j,i,t-1} + \delta_{it}\sum Industry + \delta_{it}\sum Year + \alpha_2 Costequity_{i,t-1} + \alpha_3 Costdebt_{i,t-1} + \xi_{it} \tag{5.16}$$

如果通过模型（5.11）检验发现会计制度对资本结构的影响具有显著性，则利用模型（5.7）和模型（5.8）进行第 2 步检验；如果第 2 步检验发现会计制度对股权融资成本和债务融资成本的影响也具有显著性，则利用模型（5.16）进行第 3 步检验；通过第 3 步检验结果中会计制度、股权融资成本和债务融资成本系数的显著性及大小的变化，对两种融资成本的中介效应作出判断。

5.3　本章小结

为检验第 4 章提出的三个层次的八个研究假设，本章对本书的研究时间区间、研究样本的选择和数据来源进行了说明，并对三个层次实证检验的相关研究变量以及研究模型等进行了设计。其中，检验会计制度变迁对会计信息质量影响的变量主要是盈余质量、会计稳健性和会计信息价值相关性，分别用扩展的 Jones 模型、盈余 - 股票报酬计量模型、修正的价格模型来进行计量，通过计量结果分析会计信息质量的变化；检验会计信息质量对股权和债务融资成本影响差异的变量主要是盈余质量、股权融资成本和债务融资成本，分别用扩展的 Jones 模型、资本资产定价模型、综合债务成本进行计量，并针对会计信息质量对股权融资成本的影响和会计信息质量对债务融资成本的影响分别建立 OLS 回归模型，通过回归结果比较分析会计信息质量对两种融资成本影响的差异；检验会计制度变迁影响资本结构动态调整速度的变量主要是资本结构、会计制度、会计制度和资本结构偏离程度的交互变量，分别用账面资产负债率、盈余质量和 $DA_{i,t-1}\left(LEV_{it}^{*}-LEV_{i,t-1}\right)$ 来进行计量，并利用动态调整模型和 OLS 回归模型进行检验；检验会计制度变迁对资本结构调整方式的变量主要是资本结构调整虚拟变量、资本结构偏离程度、会计制度，并利用 Logit 模型进行回归分析检验；检验融资成本中介效应的变量主要是股权融资成本、债务融资成本、盈余质量、资本结构，计量方法同上，利用 Baron 和 Kenny 提出的检验中介变量的方法进行检验。

第 6 章

实证检验与结果分析

第 4 章我们根据会计制度变迁影响资本结构动态调整的机理，分别对会计制度变迁对会计信息质量的影响、会计信息质量对融资成本的影响差异，以及会计制度变迁对资本结构动态调整的影响提出了研究假设。第 5 章对本书的研究时间区间、研究样本的选择和数据来源进行了说明，并对前述三个层次实证检验的相关研究变量以及研究模型等进行了设计。本章则是利用研究变量和研究模型对研究假设进行实证检验，并对检验结果进行分析，从而判断第 3 章影响机理的合理性和在我国的适用性。

6.1 会计制度变迁对会计信息质量影响的实证检验与结果分析

6.1.1 盈余质量回归结果与分析

在对模型（5.1）进行回归时，由于部分行业上市公司数量较少，因此我们没有分行业，而是利用总体数据分年度计算特征参数α_1、α_2、α_3、α_4的值，再将特征参数的值代入模型（5.2），计算出每个样本公司的残值，取其绝对值，即得到每个样本公司每一年的操控性应计利润（*DA*）。然后，按会计制度变迁的不同阶段，分阶段计算 *DA* 数据的均值，详细结果如表 6.1 所示。由表 6.1 可知，随着会计制度的变迁，*DA* 均值呈先降后升的趋势，会计制度变迁的第三阶段与第二阶段相比，盈余质量有所提升，但第四阶段新准则实施后，盈余质量反而略有下降，这也许与公允价值的适度引入有关。这个结果与赵耀、乔贵涛、张健（2014）[13] 的检验结果一致。假设 1.1 得到部分验证。

表 6.1　会计制度变迁不同阶段 *DA* 均值

变　量	均　值		
	1998 ～ 2000 年	2001 ～ 2006 年	2007 ～ 2014 年
DA	0.1121663	0.0998947	0.2765386

盈余质量在第二和第三阶段逐步提高，但第四阶段没有上升，反而有所下降。这表明随着会计制度的变迁，盈余质量的确发生了变化，但某些阶段并未达到预期效果，从而在一定程度上反映了制度变迁路径依赖性的低效率性。

6.1.2　会计稳健性回归结果与分析

先用模型（5.3）对会计制度变迁的第二、第三、第四阶段分别进行回归，结果如表 6.2 所示。

表 6.2　会计盈余稳健性回归结果（分阶段）

变　量	1998 ～ 2000 年	2001 ～ 2006 年	2007 ～ 2014 年
R_{it}	− 0.001196	0.0107229	− 0.0033844
	（− 0.46）	（3.45）***	（− 2.56）**
DR_{it}	0.0037424	− 0.0070579	− 0.0008663
	（1.17）	（− 2.21）**	（− 0.33）
$R_{it} \times DR_{it}$	0.016447	0.0323596	0.0351296
	（1.68）**	（2.21）*	（6.42）***
− *cons*	0.0233262	0.0331151	0.0380542
	（14.83）***	（15.18）***	（25.02）***

注：***、**、*分别表示在显著性水平为 1%、5%和 10%下显著。

从表 6.2 可以看出，1998 ～ 2000 年的稳健性系数为 0.016447（*t* 值为 1.68），在 5%水平下显著； 2001 ～ 2006 年的稳健性系数为 0.0323596（*t* 值为 2.21），在

10%水平下显著； 2007～2014年的稳健性系数为0.0351296（t值为6.42），在1%水平下显著。三个阶段稳健性系数均显著为正，说明会计制度变迁的第二、第三和第四阶段均存在会计盈余稳健性。

为了进一步了解会计盈余稳健性随会计制度变迁变化的程度，又用模型（5.4）对会计制度变迁前后期间数据分别进行回归，结果如表6.3所示。

表6.3　会计制度变迁前后会计盈余稳健性变化程度回归结果

变　量	1998～2006年	2001～2014年
R_{it}	0.0015788 （－0.51）	0.0058902* （－1.86）
DR_{it}	0.0013595 （0.48）	－0.0033302 （－0.86）
R_{it} · DR_{it}	0.0240867** （1.79）	－0.0274325** （－2.40）
D	0.0013334 （0.42）	0.0087509*** （2.64）
DR_{it} · D	0.0002754* （0.06）	－0.0010165 （－0.20）
R_{it} · D	0.0538679*** （2.87）	0.0017899 （0.46）
R_{it} · DR_{it} · D	0.0446916*** （1.84）	0.0372942*** （2.70）
－cons	0.0236272*** （15.82）	0.0262453*** （10.03）

注：***、**、*分别表示在显著性水平为1%、5%和10%下显著。

从表6.3我们可以看到，1998～2006年的盈余稳健性的增量系数为0.0446916（t值为1.84），并且在1%水平下显著，增量系数显著为正，说明2001年《企业会计制度》实施后会计盈余稳健性程度有显著提高；该结果表明2001年之后稳健性原则在会计实务中的大范围应用的确提升了公司会计信息的稳健性。2001～2014年的盈余稳健性的增量系数为0.0372942（t值为2.70），并且在1%水平下显著，增量系数显著为正，说明2007年《企业会计准则》实施后会计盈余稳健性程度与第三阶段相比显著提高；该结果表明此次制度变迁虽然并不以强化稳健性为主要目的，但它进一步扩大资产减值损失确认范围的要求的确使公司会计信息的稳健性得到进一步加强，并未因公允价值的大量使用而有所降低。假设 1.2 得到部分验证。

综合表 6.2 和表 6.3 的回归结果，我们可以看出，会计制度变迁的第二、第三、第四阶段均存在显著的会计盈余稳健性，并且会计盈余稳健性水平在各阶段逐步提高。这表明 2006 年之前以逐步强化稳健性会计信息为目的的会计制度变迁的效果，在各阶段均得到了充分体现；2007 年新会计准则虽然更加强调会计信息的“真实和公允”，并且大量引入公允价值，但却并未使上市公司会计盈余的稳健性水平降低，反而由于减值损失确认范围的进一步扩大，使稳健性水平得到进一步提高。2001 年和 2007 年两次会计制度变迁对会计盈余稳健性的影响都很显著，变迁效果较好。

6.1.3　会计信息价值相关性回归结果与分析

我们用模型（5.5）对会计制度变迁第二、第三、第四阶段分别进行回归，结果如表 6.4 所示。

表 6.4　会计信息价值相关性回归结果（分阶段）

变　量	1998 ~ 2000 年	2001 ~ 2006 年	2007 ~ 2014 年
$\frac{EPS_{it}}{P_{i,t-1}}$	7.098197	1.828732	0.7827704
	（4.19）***	（2.53）**	（1.59）**
$\frac{BV_{it}}{P_{i,t-1}}$	2.98079	1.520412	1.197245
	（8.42）***	（10.45）***	（14.31）***
$\frac{CFL_{it}}{P_{i,t-1}}$	2.189828	0.4412297	0.528227
	（2.3）	（1.16）*	（2.4）**
_cons	0.1018701	0.4522064	0.6535033
	（1.04）	（6.19）***	（15.49）***
Adj R-squared	0.0910	0.1170	0.1997

注：***、**、*分别表示在显著性水平为 1%、5%和 10%下显著。

从表 6.4 我们可以看到，代表会计信息总体价值相关性的 *Adj R-squared* 在会计制度变迁的第二、第三、第四阶段逐步提高，会计信息的总体价值相关性呈现一个上升趋势，即随着会计制度的变迁，会计信息价值相关性逐步提高，说明 2001 年《企业会计制度》的实施对会计信息价值相关性有明显的改善，2007 年新会计准则公允价值的引入的确能够为投资者提供更多更相关的会计信息，从而提高价值相关性。假设 1.3 得到验证。第二阶段会计信息价值相关性最低，我们分析可能和这一时期上市公司频频出现财务报告造假，最终导致投资者对财务报告缺乏信任有关。

每股收益的价值相关性系数在 1998 ～ 2000 年期间为 7.098197（*t* 值为 4.19），在 1%水平下显著； 2001 ～ 2006 年期间为 1.828732（*t* 值为 2.53），在 5%水平下显著； 2007 ～ 2014 年期间为 0.7827704（*t* 值为 1.59），在 5%水平下显著，表明在会计制度变迁的第二、第三和第四阶段每股收益均与股价显著正相关，利润表具有价值相关性。

每股净资产的价值相关性系数在 1998 ～ 2000 年期间为 2.98079（*t* 值为 8.42），2001 ～ 2006 年期间为 1.520412（*t* 值为 10.45），2007 ～ 2014 年期间为 1.197245（*t* 值为 14.31），并且三个阶段中的价值相关性系数均在 1%水平下显著，表明在会计制度变迁的第二、第三和第四阶段，资产负债表均与股价显著相关，具有价值相关性。

每股经营活动现金净流量的价值相关性系数在 1998 ～ 2000 年期间为 2.189828（*t* 值为 2.3），但在统计上并不显著； 2001 ～ 2006 年期间为 0.4412297（*t* 值为 1.16），在 10%水平下显著； 2007 ～ 2014 年期间为 0.528227（*t* 值为 2.4），在 5%水平下显著。这表明，在 1998 ～ 2000 年期间，现金流量表并不具有价值相关性，从 2001 年后才与股价显著相关，并且显著性呈现稳定上升的趋势。这可能是因为现金流量表从 1998 年开始才被要求编制和披露，一方面因其编制难度较大，上市公司会计人员往往容易忽视现金流量表的编制工作，导致其信息质量不高；另一方面投资者们由于专业知识的缺乏，对现金流量信息还不够重视，关注度不高，所以在最初的几年中现金流量表与股价之间并未体现出显著的相关性，而从 2001 年开始，经过几年的调整和适应，现金流量信息逐渐被投资者们所重视，现金流量表与股价的相关性才逐渐增强。

而分阶段比较每股收益、每股净资产和每股经营活动现金净流量的价值相关性系数可以发现，在会计制度变迁的第二、第三阶段，均呈现“每股收益的系数＞每股净资产的系数＞每股经营活动现金净流量的系数”的状态，这说明在这两个阶段每股收益对股价的解释能力远比每股净资产和每股经营活动现金净流量的解释能力强。而在会计制度变迁的第四阶段，则是“每股净资产的系数＞每股收益的系数＞每股经营活动现金净流量的系数”，表明每股净资产对股价的解释能力超过了每股收益和每股经营活动现金流量。这说明 2007 年新准则所强调的资产负债观理念已在会计信息中得到体现，并得到了大多数投资者的认同，投资者在其投资决策中开始关注资产信息；而每股收益的系数仍旧大于每股经营活动现金流量系数，表明虽然现金流量表逐渐被大家接受，但我国的投资者关注较多的仍然是利润表，更习惯于利用会计盈余信息来进行投资决策。

通过从盈余质量、会计稳健性、会计信息价值相关性三个方面对会计制度变迁第二、第三和第四阶段会计信息质量的变化进行的实证检验，我们可以发现，会计制度变迁的确对会计信息质量产生了影响。上市公司的操纵性应计利润呈先降后升的趋势，公司会计盈余质量在第三阶段有所提高，但在第四阶段却有所降低；在会计盈余稳健性方面，会计制度变迁的第二阶段（1998 ～ 2000 年）上市公司会计盈余具有稳健性，即初步提出实行稳健性原则的《企业会计准则》和旨在提高上市公司稳健性水平的《股份有限公司会计制度》的实施都在实质上增强了上市公司会计盈余的稳健性水平；会计制度变迁第三阶段（2001 ～ 2006 年）实施的更为积极的稳健会计政策《企业会计制度》则进一步显著提升了上市公司会计盈余的稳健性，第四阶段（2007 ～ 2014 年）新《企业会计准则》公允价值的引入对会计盈余的稳健性没有产生影响，该阶段稳健性进一步提高。会计信息价值相关性在整个会计制度变迁阶段总体呈现一个上升趋势，其中，2001 年《企业会计制度》和 2007 年的新《企业会计准则》这两次重大改革促使会计信息价值相关性大幅提升，改革效果显著。而从三大报表角度来看，随着会计制度的变迁，虽然资产负债表和现金流量表逐渐被投资者们重视，但其关注度仍不及利润表，利润信息一直都是投资者关注的重点。尽管如此，2007 年新《企业会计准则》确立的资产负债表的核心地位已引起投资者的关注。

6.2　会计信息质量对股权和债务融资成本影响差异的实证检验与结果分析

上一节的研究结果表明，会计制度变迁的确会影响会计信息质量，那同样水平的会计信息质量是否会对股权融资成本和债务融资成本产生不同的影响？在会计制度变迁的不同阶段，这种影响差异是否仍旧存在，其变化如何？对这些问题的检验，将有助于我们更好地理解会计制度变迁不同阶段，公司对不同融资方式的选择，从而帮助我们更清晰地理解会计制度变迁影响资本结构动态调整的方式。

6.2.1　描述性统计分析

我们对会计制度变迁各个阶段样本进行了分阶段描述性统计，详细结果如表6.5至表6.7所示。

表6.5　样本描述性统计（1998～2000）

变量	观察值	均值	标准差	最小值	最大值
Costequity	330	0.3420274	0.2668449	0.0743399	0.9974862
Costdebt	330	0.0401039	0.0489391	－0.53522	0.2725549
DA	330	0.1121663	0.0550306	0.002231	0.3706948
Size	330	21.06764	0.8222249	19.415	23.65991
ROA	330	0.049929	0.0493347	－0.216302	0.241009
Growth	330	0.221072	0.8327538	－0.8102884	11.57113
Lev	330	1.387546	1.201665	－3.667759	14.96931
Intcov	330	－10.3279	3.577096	－51.31242	21.14505
Oprisk	330	1.297249	2.814657	－47.05879	11.36685
Fixass	330	0.2806919	0.152333	0.0013695	0.7406853

表 6.6　样本描述性统计（2001 ～ 2006）

变量	观察值	均值	标准差	最小值	最大值
Costequity	660	0.0297672	0.4311837	− 0.2979995	1.320049
Costdebt	660	0.0294173	0.0494665	− 0.112884	0.099204
DA	660	0.0998947	0.0452286	0.0176039	0.5364997
Size	660	21.57328	0.8900089	19.68349	25.18252
ROA	660	0.028288	0.0495368	− 0.335823	0.193546
Growth	660	0.2742979	1.327556	− 4.675253	25.18093
Lev	660	1.647071	1.77724	− 5.313276	28.71749
Intcov	660	7.501461	4.968346	− 53.22338	515.7698
Oprisk	660	1.655258	1.184841	− 7.879842	139.1043
Fixass	660	0.3131761	0.170518	0.002947	0.8959609

表 6.7　样本描述性统计（2007 ～ 2014）

变量	观察值	均值	标准差	最小值	最大值
Costequity	880	0.4685471	0.8989095	− 0.745344	2.751241
Costdebt	880	0.0603424	0.6426874	− 2.113603	18.85723
DA	880	0.2765386	0.2172451	0.018009	0.7908313
Size	880	22.44804	1.189798	19.66213	26.75123
ROA	880	0.0351853	0.0549787	− 0.690677	0.355021
Growth	880	0.2092191	0.9217614	− 0.7859755	20.24942
Lev	880	1.371216	8.095589	− 233.7016	15.91698
Intcov	880	6.536812	15.24535	− 16.83879	27.70052
Oprisk	880	10.6074	27.38581	− 14.59337	812.3917
Fixass	880	0.2485941	0.1772181	0.0003562	0.8503272

通过表6.5至表6.7可以看出，在会计制度变迁的第二、第三和第四阶段，110家样本公司的会计信息质量（*DA*）均值分别为0.1121663、0.0998947、0.2765386，呈先降后升的趋势，表明会计制度变迁的第三阶段与第二阶段相比，盈余质量有所提升。但第四阶段新准则实施后，盈余质量反而略有下降。再看对应阶段的融资成本，股权融资成本（*Costequity*）均值分别为0.3420274、0.0297672和0.4685471，债务融资成本（*Costdebt*）的均值分别为0.0401039、0.0294173和0.0603424。可以发现，股权融资成本和债务融资成本也呈现先降后升的趋势，表明随着会计信息质量的提高，融资成本下降；当会计信息质量降低时，融资成本增大。再看会计制度变迁各阶段两种融资成本均值的变化情况，股权融资成本均值的变化分别为0.3122602、0.4387799，债务融资成本均值的变化分别为0.0106866、0.0309251，即当会计信息质量发生变化时，股权融资成本的变化都大于债务融资成本的变化，说明会计信息质量对股权融资成本的影响程度大于对债务融资成本的影响，该描述性统计结果与假设2相符。当然这仅仅是初步的描述性统计结论，假设2是否能得到验证，会计信息质量与股权融资成本和债务融资成本之间的真正关系必须通过严格、规范的回归分析才能最终确定。

通过最大值和最小值可以看出，大量变量都存在较为严重的极端值，比如表6.5中，*Growth*的最大值为11.57113，远远超过了均值0.221072；*Oprisk*最小值为－47.05879，远小于其均值1.297249。表6.6中*Intcov*最大值为515.7698，远大于其均值7.501461；*Oprisk*最大值为139.1043，也远大于其均值1.655258。表6.7中，*Oprisk*最大值为812.3917，而均值却只有10.6074。这些情况也同样存在于*Costequity*、*Costdebt*、*Lev*、*Fixass*等其他变量中。为控制极端值对回归结果的影响，提高估计结果的有效性，我们对所有连续变量最大和最小的1%的极端值进行了Winsorize标准化处理。

此外，我们又进一步提供了会计制度变迁各阶段股权融资成本与*DA*、控制变量，债务融资成本与*DA*、控制变量之间的皮尔逊相关系数，详细结果如表6.8和表6.9所示。

表 6.8　股权融资成本与 *DA*、控制变量的相关系数表（分阶段）

1998～2000	*Costequity*	*DA*	*Size*	*Lev*	*Oprisk*	*ROA*	*Growth*
Costequity	1						
DA	0.0337*	1					
Size	0.1247**	−0.2999***	1				
Lev	0.0444**	−0.0373	0.0949*	1			
Oprisk	0.0349*	−0.0165	0.1871***	0.4816***	1		
ROA	−0.0771	0.3428***	−0.1421***	−0.5117***	−0.4792***	1	
Growth	0.0026*	0.2607***	0.0277	−0.0764	−0.0607	0.2769***	1
2001～2006	*Costequity*	*DA*	*Size*	*Lev*	*Oprisk*	*ROA*	*Growth*
Costequity	1						
DA	0.0798**	1					
Size	0.1237***	0.2563***	1				
Lev	0.0076	−0.0599	−0.0863**	1			
Oprisk	−0.0037	0.0835**	−0.0452	0.4509***	1		
ROA	−0.0488*	0.1781***	0.2231***	−0.3232***	−0.2099***	1	
Growth	0.0179	0.0145	−0.0732*	−0.0160	−0.0840**	−0.0093	1
2007～2014	*Costequity*	*DA*	*Size*	*Lev*	*Oprisk*	*ROA*	*Growth*
Costequity	1						
DA	0.0208*	1					
Size	0.0920***	0.1915***	1				
Lev	0.0080*	0.0029	−0.0180	1			
Oprisk	−0.0292*	−0.0251	−0.0374	−0.0056	1		
ROA	−0.0414*	0.0043	0.0764**	−0.0059	−0.0391	1	
Growth	0.0098	−0.0510	0.0817**	−0.0316	0.0026	0.0411	1

注：表中为皮尔逊系数，***、**、*分别表示在显著性水平为 1%、5%和 10%上显著。

表 6.9 债务融资成本与 *DA*、控制变量的相关系数表（分阶段）

1998～2000	*Costdebt*	*DA*	*Size*	*Lev*	*ROA*	*Fixass*	*Intcov*
Costdebt	1						
DA	0.0538*	1					
Size	0.0757***	－0.2999***	1				
Lev	0.0081**	－0.0373	0.0985*	1			
ROA	－0.0199	0.3428***	－0.1379**	－0.5117***	1		
Fixass	0.0613	0.5159***	－0.1317**	0.0408	0.0263	1	
Intcov	－0.0028	0.0211	0.1265**	－0.0073	0.0032	－0.0685	1
2001～2006	*Costdebt*	*DA*	*Size*	*Lev*	*ROA*	*Fixass*	*Intcov*
Costdebt	1						
DA	0.0986**	1					
Size	0.0380*	0.2563***	1				
Lev	0.0813**	－0.0599	－0.0863**	1			
ROA	－0.0866**	0.1781***	0.1999***	－0.1738***	1		
Fixass	0.0940**	0.7125***	－0.0693*	0.0195	－0.0087	1	
Intcov	－0.0730*	0.0376	0.0410	－0.700*	0.1274***	－0.0202	1
2007～2014	*Costdebt*	*DA*	*Size*	*Lev*	*ROA*	*Fixass*	*Intcov*
Costdebt	1						
DA	0.0080*	1					
Size	0.0087***	0.1915***	1				
Lev	0.0009***	0.0029	0.0340	1			
ROA	－0.0175	0.0043	0.0602*	－0.4129***	1		
Fixass	0.0170	0.1772**	－0.0157	0.1843***	－0.0811**	1	
Intcov	－0.0076	0.0278	－0.0306	－0.1422***	0.2887***	0.0161	1

注：表中为皮尔逊系数，***、**、*分别表示在显著性水平为 1%、5%和 10%上显著。

通过表 6.8 和表 6.9 可以看出，在会计制度变迁的各阶段，股权融资成本与 *DA* 的皮尔逊相关系数分别为 0.0337、0.0798 和 0.0208，分别通过了 10%、5%和 10%水平的显著性检验；债务融资成本与 *DA* 的皮尔逊相关系数分别为 0.0538、0.0986 和 0.0080，也分别通过了 10%、5%和 10%水平的显著性检验。这说明股权融资成本和债务融资成本均与 *DA* 显著正相关，即与会计信息质量显著负相关。但皮尔逊相关系数分析未控制其他因素，只是一种简单的相关性分析。由于受到“伪相关”等不利影响，通过这种方法得到的相关性与现实中的情况可能会存在一定的偏差，变量之间准确的相关关系还需要通过进一步的回归分析来检验。

此外，从各阶段控制变量之间的相关性系数来看，股权融资成本的各个控制变量之间的相关系数绝对值皆在 0.6 以下，有一部分变量之间的相关系数在 0.1 以下；债务融资成本的各个控制变量之间的相关系数绝对值皆在 0.8 以下，有很大部分变量之间的相关系数在 0.1 以下。这说明控制变量之间的相关性比较弱，各个变量比较独立，将这些变量放在同一个回归方程中，不会产生严重的多重共线性。

6.2.2　假设检验

为了验证会计信息质量对融资成本的影响差异，我们分别对模型（5.7）和模型（5.8）进行回归估计，结果如表 6.10 和表 6.11 所示。

表 6.10　会计信息质量与股权融资成本的回归结果

变　量	1998 ～ 2000 年	2001 ～ 2006 年	2007 ～ 2014 年
	系数	系数	系数
DA	1.05565*	0.59894*	0.71280*
Size	0.80417***	0.80627***	0.67958***
ROA	− 0.17019	− 1.60754**	− 1.312036*
Growth	0.19946**	0.08208	0.1530649
Lev	0.09726**	0.02651	0.02807*
Oprisk	0.27552***	− 0.05108	− 0.02879*
行业	控制	控制	控制
年度	控制	控制	控制

续表

变　量		1998～2000年	2001～2006年	2007～2014年
		系数	系数	系数
R^2	*within*	0.4050	0.1968	0.0828
	between	0.0003	0.0011	0.0123
	overall	0.0214	0.0152	0.0102
obs.		330	660	880
groups		110	110	110

注：采用固定效应 GLS 估计；***、**、*分别表示在显著性水平为 1%、5%和 10%上显著。

表 6.11　会计信息质量与债务融资成本的回归结果

变量		1998～2000年	2001～2006年	2007～2014年
		系数	系数	系数
DA		0.06034*	0.07864*	0.00658*
Size		0.01776	0.00494	0.00912***
Lev		0.01843***	0.00901***	0.00643***
ROA		− 0.34593***	− 0.07484*	− 0.10039***
Fixass		0.04679	0.03851*	0.0713725***
Intcov		− 0.00049***	− 0.00006*	− 0.00059***
行业		控制	控制	控制
年度		控制	控制	控制
R^2	*within*	0.2107	0.0700	0.2094
	between	0.1370	0.0155	0.2034
	overall	0.1563	0.0250	0.1965
obs.		330	660	880
groups		110	110	110

注：采用固定效应 GLS 估计；***、**、*分别表示在显著性水平为 1%、5%和 10%上显著。

从表 6.10 和表 6.11 我们可以看出，在加入了控制变量后，会计制度变迁的各阶段，*DA* 与股权融资成本和债务融资成本仍旧显著正相关，即会计信息质量与融资成本显著负相关。再比较各阶段 *DA* 的系数，我们发现，每个阶段影响股权融资成本的 *DA* 系数都比影响债务融资成本的 *DA* 系数大。这说明在同一会计信息质量水平下，会计信息质量对两种融资成本的影响不同，对股权融资成本的影响程度要大于对债务融资成本的影响，假设 2 得到进一步验证。两种融资成本的 *DA* 系数差在三个阶段分别为 0.99531、0.5203 和 0.70622，即会计信息质量对股权融资成本和债务融资成本的影响差异在 2001 ～ 2006 年阶段变小，但在 2007 ～ 2014 年阶段却增大。而根据前文 *DA* 数据的分析，2001 ～ 2006 年阶段会计信息质量比 1998 ～ 2000 年阶段有所提高，2007 ～ 2014 年阶段会计信息质量则略有下降，两种融资成本影响差异的变化恰好证明了假设 3，这也从另一个方面证明了股东对会计信息的敏感度更高。此外，根据表 6.5 至表 6.7 中会计制度变迁不同阶段股权融资成本和债务融资成本均值的变化，我们可以发现，在 2001 ～ 2006 年阶段，随着会计信息质量的提高，两种融资成本均值都比 1998 ～ 2000 年阶段有所降低，股权融资成本均值降低 0.3122602，债务融资成本均值降低 0.0106866，变化差异为 0.3015736；而在 2007 ～ 2014 年阶段，两种融资成本均值则都比 2001 ～ 2006 年阶段有所上升，股权融资成本均值上升 0.4387799，债务融资成本均值上升 0.0309251，变化差异为 0.4078548。很明显，2007 ～ 2014 年阶段 *DA* 均值增大，会计信息质量降低，两种融资成本的变化差异与 2001 ～ 2006 年阶段相比增大，也印证了当会计信息质量降低时，会计信息对股权融资成本和债务融资成本的影响差异变大。

影响股权融资成本的控制变量，其中公司规模（*Size*）在会计制度变迁的三个阶段均显著正相关，说明规模越大的公司其股权融资成本越低。资产收益率（*ROA*）在后两个阶段均与股权融资成本显著负相关，这说明公司的盈利能力还是股东关注的重点；第一阶段虽不显著，但系数符号是正确的。财务风险（*Lev*）在第一、第三阶段均显著正相关，表明公司的财务风险越高，股东会要求更高的回报率以补偿其风险，股权融资成本越高；第二阶段虽不显著，但系数符号是正确的。经营风险（*Oprisk*）在第一、第三阶段均显著正相关，说明公司的经营风险可能会对公司的盈利水平产生负面影响，降低股东对企业收益的预期，因此提高了企业的股权融资成本。成长性（*Growth*）只在第一阶段显著正相关，后两个阶段没有通过显著性检验。这些结果与之前学者的研究结果相似，在此不再赘述。

影响债务融资成本的控制变量，其中财务风险（*Lev*）在会计制度变迁的三个阶段均显著正相关，说明与股东一样，债权人也会对财务风险高的公司要求更高的回报率。资产收益率（*ROA*）在三个阶段均与债务融资成本显著负相关，这说明公司盈利能力也是债权人关注的重点。利息保障倍数（*Intcov*）在会计制度变迁的三个阶段均显著负相关，即利息保障倍数越高，债务融资成本越低。抵押能力（*Fixass*）在会计制度变迁的第三和第四阶段比较显著，而公司规模（*Size*）则只在第四阶段比较显著。这些结果与之前学者的研究结果也是相似的，在此也不再赘述。

通过以上实证检验，我们可以发现：①会计信息质量对股权融资成本和债务融资成本都有影响，并且融资成本与会计信息质量负相关，会计信息质量越高，融资成本越低；②会计信息质量对股权融资成本的影响程度大于对债务融资成本的影响；③随着会计制度的变迁，会计信息质量发生变化，其对股权融资成本和债务融资成本的影响差异也随之发生变化，当会计信息质量提高时，会计信息质量对两种融资成本的影响差异缩小，而当会计信息质量下降时，其对两种融资成本的影响差异变大。

6.3　会计制度变迁影响资本结构动态调整的实证检验与结果分析

6.1和6.2两节的实证检验已经表明，会计制度改革和变迁虽然体现出一定的低效率性，但总体来说还是有效的，会计制度的变迁的确使会计信息质量发生了变化；而会计信息质量对股权融资成本和债务融资成本都会产生影响，并且影响程度不同，随着会计信息质量的动态变化，其对这两种融资成本的影响方向不会改变，但影响程度的大小却在发生变化，即对两种融资成本的影响差异会随会计信息质量的变化而发生动态变化，或增大、或缩小。会计制度变迁是一个动态的过程，随之带来的会计信息质量的变化及对两种融资成本的影响也是动态的。这种动态变化是否会对公司资本结构动态调整的速度和方式产生影响？融资成本在这其中是否起到了中介作用？同时我们也发现，并不是每一次会计准则的颁布或修改都会产生“立竿见影”的效果，市场和投资者都需要时间进行调整、适应，再做出相应的改变，这也从一个侧面反映出会计制度变迁的确存在路径依赖特性。会计制度的路径依赖性使会计信息质量逐步地、部分地加以改善，并不能达到“一步到位”的效果。会计制度变迁的这种路径依赖性是否也在资本结构的动态调整过程中有所体现？这是本节要重点检验的内容。

6.3.1　描述性统计分析

我们首先对会计制度变迁各个阶段样本进行分阶段描述性统计，详细结果如表 6.12 至表 6.14 所示。

表 6.12　样本描述性统计（1998 ～ 2000）

	均值	标准差	最小值	最大值	向上调整均值	向下调整均值
Panel A：						
LEV	0.4165852	0.1601793	0.030021	0.958158	0.4213865	0.6437005
LEV^*	0.5241219	0.0485176	0.4604313	0.6399679	0.5354037	0.500281
Dev	0.0965645	0.1834799	− 0.4090227	0.5377896	0.1935945	− 0.1084802
ΔLEV	0.0114841	0.117439	− 0.456781	0.38532	0.0188636	− 0.075615
DA	0.1121663	0.0550306	0.002231	0.3706948	0.094369	0.1443817
Panel B：调整方式						
增加有息负债	0.7098214	0.4475739	0	1	0.7242424	0.2547
减少有息负债	0.1787879	0.3837565	0	1	0.1675	0.2603774
增加权益融资	0.3848485	0.4872984	0	1	0.3839286	0.3867925
减少权益融资	0.0757576	0.2650117	0	1	0.0943396	0.0669643
Panel C：控制变量						
Liqu	1.878182	1.56849	0.200676	19.35036		
Size	21.06764	0.8222249	19.415	23.65991		
Growth	0.221072	0.8327538	− 0.8102884	11.57113		
Tang	0.4298295	0.1488209	0.0155376	0.8117828		
Prof	0.0494659	0.0497074	− 0.2163022	0.2410093		

表 6.13　样本描述性统计（2001 ～ 2006）

	均值	标准差	最小值	最大值	向上调整均值	向下调整均值
Panel A：						
LEV	0.4953816	0.1550425	0.053525	0.89355	0.3606728	0.5631461
*LEV**	0.5607881	0.0254082	0.5088758	0.640003	0.5644681	0.5530115
Dev	0.0875356	0.1642362	− 0.4479065	0.5461752	0.1727584	− 0.0925577
ΔLEV	0.019544	0.0717158	− 0.291232	0.468401	0.0296768	− 0.0018687
DA	0.0998947	0.0452286	0.0176039	0.5364997	0.0804659	0.1356086
Panel B：调整方式						
增加有息负债	0.7075758	0.4552211	0	1	0.7098214	0.2028302
减少有息负债	0.2287879	0.4203709	0	1	0.21875	0.25
增加权益融资	0.2181818	0.4133248	0	1	0.2075472	0.2232143
减少权益融资	0.0787879	0.2696117	0	1	0.0848214	0.0660377
Panel C：控制变量						
Liqu	1.419525	0.989714	0.181887	9.624482		
Size	21.57328	0.8900089	19.68349	25.18252		
Growth	0.2742979	1.327556	− 4.675253	25.18093		
Tang	0.4636537	0.1601369	0.0548582	0.8596745		
Prof	0.0277104	0.0498382	− 0.3358231	0.1935461		

表 6.14　样本描述性统计（2007 ～ 2014）

	均值	标准差	最小值	最大值	向上调整均值	向下调整均值
Panel A：						
LEV	0.5416085	0.1744585	0.074383	0.963696	0.4319242	0.6781542
*LEV**	0.5811015	0.0295425	0.5192642	0.6486983	0.5792677	0.5833842
Dev	0.0376495	0.1685652	− 0.3628691	0.5457896	0.1549716	− 0.1084046
ΔLEV	0.0018435	0.0748212	− 0.389583	0.424581	0.0076281	− 0.0136347
DA	0.2765386	0.2172451	0.018009	0.7908313	0.1735424	0.2926265
Panel B：调整方式						
增加有息负债	0.6168033	0.4757867	0	1	0.6545455	0.2015306
减少有息负债	0.2540984	0.4299266	0	1	0.2443182	0.2621429
增加权益融资	0.3397727	0.4739013	0	1	0.3258197	0.3571429
减少权益融资	0.1318182	0.3384854	0	1	0.1536885	0.1045918

续表

	均值	标准差	最小值	最大值	向上调整均值	向下调整均值
Panel C：控制变量						
Liqu	1.36303	0.8964332	0.144188	11.05767		
Size	22.44804	1.189798	19.66213	26.75123		
Growth	0.2092191	0.9217614	− 0.7859755	20.24942		
Tang	0.4362747	0.178739	0.0394987	0.8707796		
Prof	0.0351852	0.0549787	− 0.6906772	0.3550206		

由表 6.12 至表 6.14 的 Panel A 可以看出，会计制度变迁的第二至第四阶段资本结构变量 *LEV*，即资产负债率的均值分别为 0.4165852、0.4953816 和 0.5416085，呈逐步增大的趋势，说明会计制度变迁的各阶段，公司实际资本结构在不断变化；目标资本结构 LEV^*的均值分别为 0.5241219、0.5607881、0.5811015，也呈逐步增大的趋势，实际资本结构均值都未达到目标值，说明各个阶段公司资本结构都只进行了部分调整；实际资本结构偏离目标资本结构 *Dev* 的均值分别为 0.0965645、0.0875356、0.0376495，呈逐步减少的趋势，即各个阶段初期公司资本结构与目标值的偏差越来越小，表明公司一直努力调整其资本结构以趋向目标值；资本结构年度调整ΔLEV的均值分别为 0.0114841、0.019544、0.0018435，表明各阶段公司资本结构的调整幅度呈先增大后减小的趋势；会计制度变量 *DA*，即操控性应计利润的均值分别为 0.1121663、0.0998947 和 0.2765386，也呈先降后升的趋势，表明会计制度变迁的第三阶段与第二阶段相比，盈余质量有所提升，但第四阶段新准则实施后，盈余质量反而略有下降，随着会计制度的变迁，会计信息质量的确处于动态变化中。将同一阶段的资本结构年度调整变量ΔLEV和会计制度变量 *DA* 结合起来进行比较，可以发现，资本结构年度调整和会计信息质量的变化趋势之间的关系与我们前文假设的一致。即在会计信息质量提高的阶段（*DA* 减小），资本结构调整幅度增大，调整速度加快；反之，在会计信息质量降低的阶段（*DA* 增大），资本结构调整幅度减小，调整速度减缓。但这仅仅是初步的描述性统计结论，它们二者之间是否真的存在一定的关联，并且会计信息质量的这种变化是否如我们假设的那样是从调整速度和调整方式两个方面对资本结构调整产生影响，都尚需通过严格、规范的实证检验才能最

终确定。后文将详细地进行验证。同时，我们还报告了高于目标资本结构和低于目标资本结构时上述变量的均值。

表 6.12 至表 6.14 的 Panel B 是对资本结构调整情况的初步统计，可以看出，在债务融资方面，会计制度变迁的各个阶段，增加和减少债务融资（变动比例 5%以上）的均值分别为 0.7098214 和 0.1787879、0.7075758 和 0.2287879、0.6168033 和 0.2540984，表示各个阶段平均每年有 70.98%、70.76%、61.68%的公司增加了有息负债，而减少有息负债的公司占 17.88%、22.88%、25.41%。这说明各个阶段平均每年有 88.86%、93.64%、87.09%的公司进行了较大幅度的有息债务调整，并且增加负债的公司比例均大于减少负债的公司比例，表明增加有息负债是各个阶段公司主要的调整方式之一。从区分负债水平来看，当资本结构低于目标水平时，各个阶段增加有息负债的公司比例为 72.42%、70.98%、65.45%，而降低有息负债的公司只占 16.75%、21.875%、24.43%；当资本结构高于目标水平时，各个阶段增加有息负债的公司比例为 25.47%、20.28%、20.15%，而降低有息负债的公司则占 26.03%、25%、26.21%，这初步表明公司的有息债务融资行为表现出了趋向目标值进行调整的特征。

在股权融资方面，会计制度变迁的各个阶段，增加和减少权益融资（变动比例 5%以上）的均值分别为 0.3848485 和 0.0757576、0.2181818 和 0.0787879、0.3397727 和 0.1318182，表示各个阶段平均每年有 38.48%、21.82%、33.98%的公司增加了权益融资，而减少权益融资的公司占 7.58%、7.88%、13.18%。这说明各个阶段平均每年有 46.06%、29.70%、47.16%的公司进行了权益融资调整。当资本结构低于目标水平时，各个阶段增加权益融资的公司比例为 38.39%、20.75%、32.58%，而减少权益融资的公司只占 9.43%、8.48%、15.36%；当资本结构高于目标水平时，各个阶段增加权益融资的公司比例为 38.68%、22.32%、35.71%，而减少权益融资的公司则占 6.70%、6.60%、10.46%。可以发现，当资本结构处于较高水平时，公司进行权益融资的可能性更大，这表明公司的权益融资行为也表现出了有利于资本结构趋向目标值进行调整的特征。将三个阶段向上调整组和向下调整组调整方式的均值进行比较，可以发现，当资本结构低于目标水平时，增加债务融资的公司比例都大于增加权益融资的公司比例；而当资本结构高于目标水平时，则是增加权益融资的公司比例大于增加债务融资的公司比例。这表明向上调整时，公司多采取债务融资方式；而向下调整时，公司多采取股权融资方式。

以上描述性统计的结果初步表明，债务融资和权益融资都可以在一定程度上作为公司趋向目标值进行资本结构调整的方式。这就为我们下一步正式检验资本结构调整方式及会计制度对调整方式的影响奠定了基础。

表 6.12 至表 6.14 的 Panel C 中报告了各控制变量的描述性统计结果，这里不再赘述。

通过最大值和最小值可以看出，大量变量都存在较为严重的极端值。比如表 6.12 中，*Liqu* 最大值为 19.35036，远大于其均值 1.878182； *Growth* 的最大值为 11.57113，远远超过了均值 0.221072。表 6.13 中 *Liqu* 最大值为 9.624482，远大于其均值 1.419525； *Growth* 最大值为 25.18093，也远大于其均值 0.2742979。表 6.14 中，*Liqu* 最大值为 11.05767，而其均值却只有 1.36303； *Growth* 最大值为 20.24942，远远大于其均值 0.2092191。这些情况也同样存在于 *Tang*、*Prof* 等其他变量中。为控制极端值对回归结果的影响，提高估计结果的有效性，我们对所有连续变量最大和最小的 1%的极端值进行了 Winsorize 标准化处理。

此外，我们又进一步提供了会计制度变迁各阶段 *DA* 及其他控制变量之间的皮尔逊相关系数，详细结果如表 6.15 所示。

表 6.15　*DA* 及控制变量的相关系数表（分阶段）

1998 ～ 2000	*DA*	*Size*	*Liqu*	*Tang*	*Prof*	*Growth*
DA	1					
Size	0.082	1				
Liqu	− 0.001	− 0.133**	1			
Tang	− 0.125**	− 0.020	− 0.160***	1		
Prof	0.008	− 0.146***	0.150***	− 0.167***	1	
Growth	0.078	0.151***	− 0.061	− 0.078	0.163***	1
2001 ～ 2006	*DA*	*Size*	*Liqu*	*Tang*	*Prof*	*Growth*
DA	1					
Size	0.187***	1				

续表

2001～2006	*DA*	*Size*	*Liqu*	*Tang*	*Prof*	*Growth*
Liqu	− 0.002	− 0.049	1			
Tang	− 0.177***	0.0159	− 0.273***	1		
Prof	− 0.006	0.192***	0.069*	− 0.081**	1	
Growth	0.078**	− 0.032	− 0.018	0.093**	0.012	1
2007～2014	*DA*	*Size*	*Liqu*	*Tang*	*Prof*	*Growth*
DA	1					
Size	0.148***	1				
Liqu	0.005	− 0.159***	1			
Tang	− 0.088**	0.024	− 0.236***	1		
Prof	0.021	0.076**	0.167***	− 0.093***	1	
Growth	− 0.088***	0.042	− 0.022	0.029	0.047	1

注：表中为皮尔逊系数，***、**、*分别表示在显著性水平为1%、5%和10%上显著。

通过表6.15可以看出，在会计制度变迁的各阶段，*DA*及各个控制变量之间的相关性系数最大的为− 0.273，最小的仅为− 0.001，大部分变量之间的相关系数都在0.1以下，说明控制变量之间的相关性比较弱，各个变量比较独立，将这些变量放在同一个回归方程中不会产生严重的多重共线性。

6.3.2　假设检验

1. 假设4、5的检验

首先我们使用系统GMM估计方法对模型（5.11）进行估计，以得到估计目标资本结构LEV_{it}^{*}的各个参数，并计算出LEV_{it}^{*}。Arellano和Bond提出的广义矩估计法（GMM）的一个关键假设是，模型（5.11）中ξ_{it}不存在序列相关。如果差分后的干扰项只存在一阶自相关而不存在二阶自相关，就认为这一假设是合理的。因此，在表6.15中给出了该检验相关的AR统计量。同时，为了检验工具变量的合理性，又给出了检验过度识别约束的Sargan统计量。具体检验结果如表6.16所示。

表 6.16　模型（5.11）检验结果（全阶段检验）

变量	*Coef.*	*Std. Err.*	*z*	$p>\|z\|$	[95%*Conf. Interval*]
LEV_{t-1}	0.7027003	0.018092	40.50	0.000***	0.6972407 0.7681599
DA_{t-1}	0.0151724	0.0087847	1.73	0.084*	− 0.0323901 0.0020453
$Liqu_{t-1}$	0.0451581	0.0028022	16.12	0.000***	0.039666 0.0506502
$Size_{t-1}$	− 0.0893502	0.0087412	− 10.22	0.000***	− 0.1064826 − 0.0722178
$Growth_{t-1}$	0.0026374	0.0053698	0.49	0.623	− 0.0078872 0.013162
$Tang_{t-1}$	− 0.0271668	0.0162384	− 1.67	0.094*	− 0.0589935 0.0046598
$Prof_{t-1}$	0.4107977	0.0817356	5.03	0.000***	0.2505989 0.5709965
− *cons*	− 0.1504367	0.0379209	− 3.97	0.000***	− 0.2247603 − 0.0761132
年度	控制				
行业	控制				
AR(1)	0.0000				
AR(2)	0.8463				
Sargan test	101.6412***				

注：***、*分别表示在显著性水平为 1%和 10%上显著；扰动项自相关检验 *AR*(2) 是对一阶差分后的残差进行二阶序列相关检验的 *p* 值；*Sargan test* 是过度识别检验。

由表 6.16 可知，会计制度因素的滞后一期（DA_{t-1}）在 10%的水平下显著，说明会计制度对公司资本结构有显著影响，假设 4 得到了验证。其系数为 0.0151724，表明会计制度因素（*DA*）与资产负债率显著正相关。即随着会计制度的变迁，当公司的会计信息质量提高时（*DA* 会变小），其资产负债率会降低；而当会计信息质量降低时（*DA* 会增大），其资产负债率会提高。

同时，会计制度因素的滞后一期（DA_{t-1}）在10%的水平下显著，也说明原有会计制度仍会显著影响公司资本结构的调整。LEV_{t-1}的系数为0.7027003，即$1-\delta=0.7027003$，$\delta=0.2972997$，$\delta\neq 1$。这就验证了假设5，会计制度的路径依赖特性以及路径依赖性时间因素中的“滞后”作用得以体现，路径依赖引发的低效率传递到了资本结构调整中，导致公司只能部分调整其资本结构。

此外，资产负债率的一阶滞后值（LEV_{t-1}）在1%的显著性水平下通过检验，公司特征因素中的资产流动性（*Liqu*）、公司规模（*Size*）和盈利能力（*Prof*）均在1%的显著性水平下通过检验，资产有形性（*Tang*）在10%的显著性水平下通过检验，成长性（*Growth*）没有通过显著性检验。资产流动性（*Liqu*）和盈利能力（*Prof*）与财务杠杆正相关，公司规模（*Size*）和资产有形性（*Tang*）与财务杠杆负相关，这些结果与之前学者的研究结果相似，在此不再赘述。

从扰动项自相关检验结果$AR(2)$的p值（0.8463）可知，利用系统GMM估计模型（5.11）时，不存在二阶序列相关，扰动项无自相关。而*Sargan test*是工具变量正确性零假设下渐进分布过度识别约束检验，其结果则表明所有工具变量都是合理有效的，不存在过度识别问题。在统计意义上，该动态面板模型是一个较为理想的模型，系统GMM估计有效。

下面我们再用同样的方法对会计制度变迁第二、第三、第四阶段分别进行实证检验，结果如表6.17所示。

表6.17　模型（5.11）检验结果（分阶段检验）

变量	1998～2000年	2001～2006年	2007～2014年
LEV_{t-1}	0.7847058*** （0.000）	0.7516014*** （0.000）	0.6835862*** （0.000）
DA_{t-1}	0.3897724 （0.262）	0.0269217** （0.031）	0.0184631*** （0.000）
$Liqu_{t-1}$	－0.0247262** （0.050）	0.0261189 （0.158）	0.0483414*** （0.000）
$Size_{t-1}$	－0.0169848* （0.100）	－0.1587619*** （0.000）	－0.0698818*** （0.000）

续表

变量	1998～2000年	2001～2006年	2007～2014年
$Growth_{t-1}$	0.0705314 （0.321）	−0.0138596 （0.488）	0.0025605 （0.599）
$Tang_{t-1}$	−0.2219839 （0.195）	0.1176817* （0.069）	0.0288282** （0.032）
$Prof_{t-1}$	−0.8009072** （0.049）	−0.5687717*** （0.000）	0.244279*** （0.002）
AR(1)	0.0000	0.0000	0.0000
AR(2)	0.3512	0.7910	0.9943
Sargan test	4.254381***	30.97483***	99.045***
年度	控制		
行业	控制		

注：括号内为 *p* 值；*、**、***分别表示在 10%、5%、1%水平显著；扰动项自相关检验 *AR*(2) 是对一阶差分后的残差进行二阶序列相关检验的 *p* 值； *Sargan test* 是过度识别检验。

由表 6.17 可以看出，会计制度因素（DA_{t-1}）在会计制度变迁的第二阶段并未通过显著性检验，表明在该阶段，会计制度因素对资本结构的影响并不显著。我们分析这可能是由于该阶段资本市场处于建立之初，市场的不确定性因素较多，会计制度也处于调整完善的初始阶段，据此提供的会计信息的质量还不高，从而使得会计制度与资本结构的相关性出现一定的偏差，并未呈现出显著的相关关系。而在会计制度变迁的第三和第四阶段，会计制度因素（DA_{t-1}）分别在 5%和 1%的水平下显著，表明在这两个阶段，会计制度因素显著影响资本结构。我们分析这可能是因为在这两个阶段，我国资本市场具有了一定的规模，各项监管政策也比较稳定，一些不确定因素在逐步减少，会计制度在这两个阶段也进行了显著的变革，会计制度的质量得到不断提升，相应的会计信息质量也比第二阶段有所提高，从而使其与资本结构的相关性得以提升。

另外，在会计制度变迁的第二阶段，公司特征因素中的资产流动性（*Liqu*）、盈利能力（*Prof*）在 5%的显著性水平下通过检验，公司规模（*Size*）在 10%的显著性水平下通过检验，成长性（*Growth*）和资产有形性（*Tang*）没有通过检验。在会计制度变迁的第三阶段，公司特征因素中的公司规模（*Size*）和盈利能力（*Prof*）在1%的显著性水平下通过检验，资产有形性（*Tang*）在10%的显著性水平下通过检验，资产流动性（*Liqu*）和成长性（*Growth*）没有通过检验。在会计制度变迁的第四阶段，公司特征因素中的资产流动性（*Liqu*）、公司规模（*Size*）、盈利能力（*Prof*）均在1%的显著性水平下通过检验，资产有形性（*Tang*）在5%的显著性水平下通过检验，成长性（*Growth*）没有通过检验。

三个阶段扰动项自相关检验结果$AR(2)$的p值分别为0.3512、0.7910、0.9943，表明利用系统GMM分阶段进行估计时，均不存在二阶序列相关，扰动项无自相关。*Sargan test*的结果均表明所有工具变量都合理有效，不存在过度识别，系统GMM估计有效。

2．假设6的检验：会计制度与资本结构调整速度

首先通过全阶段检验得到拟合目标资本结构LEV_{it}^*的各个参数值，计算出LEV_{it}^*，然后利用模型（5.9）对资本结构的基准调整速度进行估计，以了解我国公司资本结构调整的总体情况，并同时区分不同负债水平估计调整速度。在此基础上，对模型（5.13）进行OLS回归分析，以检验会计制度对资本结构总体调整速度的影响，以及不同负债水平下对调整速度的影响。全阶段回归结果如表6.18所示。

由表6.18的Panel A的第1列可以看出，在全样本中，偏离程度$LEV_{it}^*-LEV_{i,t-1}$的回归系数为0.2958886，这说明1998～2014年间公司的年度平均调整速度为29.59%。从第2列和第3列可以看出，在低于和高于目标资本结构时，$LEV_{it}^*-LEV_{i,t-1}$的回归系数分别为0.2394138和0.594756，这说明公司向上调整资本结构的速度为23.94%，而向下调整的速度为59.48%，向下调整资本结构的速度大于向上调整速度。这与Faulkender等（2012）[228]，黄继承、朱冰、向东（2014）[150]等学者的研究结果是类似的。

从Panel B可以看出，对于全样本，交互变量$DA_{i,t-1}\left(LEV_{it}^*-LEV_{i,t-1}\right)$的回归系数显著为负。这说明$DA$越小，会计信息质量越高，公司趋向目标值调整资本结构的速度越快；反之，DA越大，会计信息质量越低，公司趋向目标值调整资本结构的速度越慢。同时，在资本结构低于和高于目标的子样本中，交互变量

表 6.18　会计制度因素对资本结构调整速度影响的检验结果（全阶段）

$$LEV_{it}-LEV_{i,t-1}=\delta_{it}\left(LEV_{it}^{*}-LEV_{i,t-1}\right)$$

$$LEV_{it}-LEV_{i,t-1}=\left(\gamma_0+\gamma_1 DA_{i,t-1}+\sum_{k=1}^{3}\beta_k X_{k,i,t-1}\right)\cdot\left(LEV_{it}^{*}-LEV_{i,t-1}\right)+\xi_{it}$$

	Panel A			Panel B		
	全样本	向上调整	向下调整	全样本	向上调整	向下调整
$LEV_{it}^{*}-LEV_{i,t-1}$	0.2958886***（0.000）	0.2394138***（0.000）	0.594756***（0.000）	0.3650144**（0.015）	0.2673983**（0.038）	0.6599491*（0.085）
$DA_{i,t-1}\left(LEV_{it}^{*}-LEV_{i,t-1}\right)$				−0.1564501*（0.066）	−0.1530276*（0.064）	−0.1092191**（0.034）
$Size_{i,t-1}\left(LEV_{it}^{*}-LEV_{i,t-1}\right)$				−0.0191318**（0.033）	−0.0228546*（0.091）	0.0268504（0.363）
$Growth_{i,t-1}\left(LEV_{it}^{*}-LEV_{i,t-1}\right)$				0.1677582***（0.000）	0.2045534***（0.000）	0.0415323***（0.009）
$Prof_{i,t-1}\left(LEV_{it}^{*}-LEV_{i,t-1}\right)$				0.333737***（0.006）	0.085336***（0.003）	0.42221**（0.052）
N	1870	1160	710	1870	1160	710
$Adjust\ R^2$	0.1709	0.0871	0.1964	0.1585	0.1161	0.0873

注：括号内为 p 值；*、**、***分别表示在 10%、5%、1%水平显著。

$DA_{i,t-1}\left(LEV_{it}^{*}-LEV_{i,t-1}\right)$的回归系数也都显著为负。这说明$DA$越小，会计信息质量越高，公司向上和向下调整资本结构的速度都越快；反之，公司向上和向下调整资本结构的速度都越慢。再进一步比较一下向下调整和向上调整时交互变量回归系数$DA_{i,t-1}\left(LEV_{it}^{*}-LEV_{i,t-1}\right)$的大小，可以发现，向下调整组系数绝对值小于向上调整组，表明会计制度对资本结构不同方向调整速度的影响程度存在差异：当负债水平较高，公司需要向下调整资本结构时，公司有加快资本结构调整速度以降低财务风险的迫切需求，即便较低的会计信息质量增加了融资成本，其对资本结构调整速度的影响程度仍有所降低；反之，当负债水平较低，公司需要向上调整资本结构时，由于公司财务风险较低，相对于强烈的风险规避动机，公司可能更关注是否能够以较低的成本进行融资，因此会计信息质量对资本结构调整速度的影响程度会更大。

在控制变量方面我们可以看到，交互变量$Growth_{i,t-1}\left(LEV_{it}^{*}-LEV_{i,t-1}\right)$不论是在全样本下，还是在资本结构低于和高于目标的子样本中，回归系数都显著为正，表明高成长性的公司调整资本结构的速度会更快，这可能是因为高成长性的公司可以较容易地通过改变其新增业务的资本构成来调整资本结构。交互变量$Prof_{i,t-1}\left(LEV_{it}^{*}-LEV_{i,t-1}\right)$不论是在全样本下，还是在资本结构低于和高于目标的子样本中，回归系数都显著为正，表明盈利能力越强的公司越有能力调整其资本结构，这可能是因为公司盈利能力越强，就有越充裕的内部资金来调整资本结构；此外，盈利能力强的公司也更能吸引投资者进行股权投资以及进行债务融资。交互变量在全样本和资$Size_{i,t-1}\left(LEV_{it}^{*}-LEV_{i,t-1}\right)$本结构低于目标的子样本中，回归系数都显著为负；而在资本结构高于目标的子样本中回归系数为正，但不显著。这表明当资本结构低于目标水平时，公司规模越大，其调整资本结构的速度越慢。这可能是因为大公司相对于小公司来说，其进行向上资本结构调整时所需的资金规模较大，需要更多地依赖外部融资来实现调整；另外，大规模公司的治理机制相对复杂，在融资的过程中所涉及的利益群体也相对较多，从而导致其资本结构调整的机会成本较高。这些结果与之前学者的研究结果相似，在此不再赘述。

表 6.18 是从全阶段角度检验会计制度因素对资本结构调整速度的影响，下面我们再用同样的方法对会计制度变迁第二、第三、第四阶段分别进行回归检验，结果如表 6.19 至表 6.21 所示。

表 6.19　会计制度因素对资本结构调整速度影响的检验结果（1998～2000）

$$LEV_{it}-LEV_{i,t-1}=\delta_{it}\left(LEV_{it}^{*}-LEV_{i,t-1}\right)$$

$$LEV_{it}-LEV_{i,t-1}=\left(\gamma_0+\gamma_1 DA_{i,t-1}+\sum_{k=1}^{3}\beta_k X_{k,i,t-1}\right)\cdot\left(LEV_{it}^{*}-LEV_{i,t-1}\right)+\xi_{it}$$

	Panel A			Panel B		
	全样本	向上调整	向下调整	全样本	向上调整	向下调整
$LEV_{it}^{*}-LEV_{i,t-1}$	0.2888192*** （0.000）	0.1364723*** （0.004）	0.6935616*** （0.000）	0.2845798* （0.100）	0.199058* （0.085）	0.48966* （0.051）
$DA_{i,t-1}\left(LEV_{it}^{*}-LEV_{i,t-1}\right)$				0.2410409 （0.381）	0.3002063 （0.271）	0.4822065 （0.826）
$Size_{i,t-1}\left(LEV_{it}^{*}-LEV_{i,t-1}\right)$				－0.0443603 （0.221）	－0.0549312 （0.129）	0.4809725* （0.051）
$Growth_{i,t-1}\left(LEV_{it}^{*}-LEV_{i,t-1}\right)$				0.1620113* （0.097）	0.1658137* （0.086）	0.1154593 （0.877）
$Prof_{i,t-1}\left(LEV_{it}^{*}-LEV_{i,t-1}\right)$				0.2493615 （0.749）	0.551471 （0.497）	0.15186 （0.308）
N	330	224	106	330	224	106
$Adjust\ R^2$	0.2012	0.0328	0.2092	0.0703	0.0613	0.0292

注：括号内为 p 值；*、**、***分别表示在 10%、5%、1%水平显著。

表 6.20　会计制度因素对资本结构调整速度影响的检验结果（2001～2006）

$$LEV_{it}-LEV_{i,t-1}=\delta_{it}\left(LEV_{it}^{*}-LEV_{i,t-1}\right)$$

$$LEV_{it}-LEV_{i,t-1}=\left(\gamma_0+\gamma_1 DA_{i,t-1}+\sum_{k=1}^{3}\beta_k X_{k,i,t-1}\right)\cdot\left(LEV_{it}^{*}-LEV_{i,t-1}\right)+\xi_{it}$$

	Panel A			Panel B		
	全样本	向上调整	向下调整	全样本	向上调整	向下调整
$LEV_{it}^{*}-LEV_{i,t-1}$	0.414059*** （0.000）	0.348036*** （0.000）	0.575069*** （0.000）	0.4482909* （0.056）	0.3658568 （0.103）	0.55859*** （0.004）
$DA_{i,t-1}\left(LEV_{it}^{*}-LEV_{i,t-1}\right)$				－0.0664227* （0.073）	－0.15161617* （0.084）	－0.065588* （0.075）
$Size_{i,t-1}\left(LEV_{it}^{*}-LEV_{i,t-1}\right)$				－0.0243967** （0.032）	－0.0213479 （0.224）	0.0533148*** （0.001）
$Growth_{i,t-1}\left(LEV_{it}^{*}-LEV_{i,t-1}\right)$				0.1108474** （0.038）	0.179567*** （0.005）	0.1944752 （0.125）
$Prof_{i,t-1}\left(LEV_{it}^{*}-LEV_{i,t-1}\right)$				0.7264891 （0.102）	0.7943884 （0.104）	0.902888 （0.197）
N	660	448	212	660	448	212
$Adjust\ R^2$	0.0621	0.0208	0.0280	0.0686	0.0365	0.0588

注：括号内为 p 值；*、**、***分别表示在 10%、5%、1%水平显著。

表 6.21　会计制度因素对资本结构调整速度影响的检验结果（2007～2014）

$$LEV_{it}-LEV_{i,t-1}=\delta_{it}\left(LEV_{it}^{*}-LEV_{i,t-1}\right)$$

$$LEV_{it}-LEV_{i,t-1}=\left(\gamma_0+\gamma_1 DA_{i,t-1}+\sum_{k=1}^{3}\beta_k X_{k,i,t-1}\right)\cdot\left(LEV_{it}^{*}-LEV_{i,t-1}\right)+\xi_{it}$$

	Panel A			Panel B		
	全样本	向上调整	向下调整	全样本	向上调整	向下调整
$LEV_{it}^{*}-LEV_{i,t-1}$	0.49278*** （0.000）	0.4330831*** （0.000）	0.5114773*** （0.000）	0.4845798* （0.100）	0.491409** （0.018）	0.6115455** （0.036）
$DA_{i,t-1}\left(LEV_{it}^{*}-LEV_{i,t-1}\right)$				− 0.2163665* （0.057）	− 0.2621662* （0.074）	− 0.1258479* （0.100）
$Size_{i,t-1}\left(LEV_{it}^{*}-LEV_{i,t-1}\right)$				− 0.0233979** （0.038）	− 0.0789172* （0.076）	− 0.051869*** （0.001）
$Growth_{i,t-1}\left(LEV_{it}^{*}-LEV_{i,t-1}\right)$				0.1448197** （0.015）	0.1036498 （0.221）	0.1639057** （0.067）
$Prof_{i,t-1}\left(LEV_{it}^{*}-LEV_{i,t-1}\right)$				0.2366709* （0.063）	0.4134527* （0.052）	0.3197306 （0.772）
N	880	488	392	880	488	392
$Adjust\ R^2$	0.0306	0.0141	0.0125	0.0306	0.0148	0.1392

注：括号内为 p 值；*、**、***分别表示在 10%、5%、1%水平显著。

由表6.19的Panel A第1列可以看出，在全样本中，偏离程度$LEV_{it}^{*}-LEV_{i,t-1}$的回归系数为0.2888192，这说明1998～2000年间样本公司的年度平均调整速度为28.88%。从第2列和第3列可以看出，在低于和高于目标资本结构时，$LEV_{it}^{*}-LEV_{i,t-1}$的回归系数分别为0.1364723和0.6935616，这说明公司向上调整资本结构的速度为13.65%，而向下调整的速度为69.36%，表明该阶段样本公司向下调整资本结构的速度也大于向上调整速度。从Panel B可以看出，对于全样本和两个子样本，交互变量$DA_{i,t-1}\left(LEV_{it}^{*}-LEV_{i,t-1}\right)$的回归系数均为正，并且不显著，表明该阶段会计制度因素对资本结构调整速度的影响并不显著，这个结果与前文会计制度因素对资本结构的影响并不显著的检验结果相对应，进一步说明该阶段的会计制度由于处于调整完善阶段，会计信息质量不高，从而使得会计制度与资本结构动态调整速度之间未呈现出显著的相关关系，不能对调整速度产生显著影响。

由表6.20的Panel A第1列可以看出，在全样本中，偏离程度$LEV_{it}^{*}-LEV_{i,t-1}$的回归系数为0.414059，这说明2001～2006年间样本公司的年度平均调整速度为41.41%。从第2列和第3列可以看出，在低于和高于目标资本结构时，$LEV_{it}^{*}-LEV_{i,t-1}$的回归系数分别为0.348036和0.575069，这说明该阶段样本公司向上调整资本结构的速度为34.80%，而向下调整的速度为57.51%，该阶段样本公司向下调整资本结构的速度也大于向上调整速度。从Panel B可以看出，对于全样本和两个子样本，交互变量$DA_{i,t-1}\left(LEV_{it}^{*}-LEV_{i,t-1}\right)$的回归系数均显著为负，表明该阶段会计制度因素对资本结构向上和向下调整速度的影响比较显著。

由表6.21的Panel A第1列可以看出，在全样本中，偏离程度$LEV_{it}^{*}-LEV_{i,t-1}$的回归系数为0.49278，这说明2007～2014年间样本公司的年度平均调整速度为49.28%。从第2列和第3列可以看出，在低于和高于目标资本结构时，$LEV_{it}^{*}-LEV_{i,t-1}$的回归系数分别为0.4330831和0.5114773，这说明该阶段样本公司向上调整资本结构的速度为43.31%，而向下调整的速度为51.15%，该阶段样本公司向下调整资本结构的速度也大于向上调整速度。从Panel B可以看出，对于全样本和两个子样本，交互变量$DA_{i,t-1}\left(LEV_{it}^{*}-LEV_{i,t-1}\right)$的回归系数均显著为负，表明该阶段会计制度因素对资本结构向上和向下调整速度的影响也比较显著。

综合以上三个阶段的检验结果，我们可以发现，随着会计制度的变迁，公司调整其资本结构的速度的确存在差异，并且资本结构调整速度逐步加快；在第三阶段和第四阶段，会计制度对资本结构调整速度的影响比较显著；而在第二阶段，会计制度对资本结构调整速度的影响并不显著。结合前文对三个阶段 DA 均值的分析，第三阶段 DA 均值小于第二阶段，而第四阶段 DA 均值大于第三阶段，根据交互变量 $DA_{i,t-1}\left(LEV_{it}^{*}-LEV_{i,t-1}\right)$ 的回归系数，第三和第四阶段均显著为负，说明 DA 越小，会计信息质量越高，公司趋向目标值调整资本结构的速度应越快； DA 越大，会计信息质量越低，对资本结构的调整速度应具有负向作用，应导致该阶段资本结构的调整速度变慢。但实际结果是，第三阶段会计信息质量与第二阶段相比有所提高，资本结构的调整速度也增大，表明高质量的会计信息对资本结构的调整速度具有正向作用，能够促进和加快资本结构的调整；第四阶段会计信息质量与第三阶段相比有所下降，但资本结构的调整速度并未降低，反而有所提高。这也许是因为在该阶段，除了会计制度因素外，还有其他一些影响公司资本结构调整速度的制度因素存在，比如货币政策、财政政策、金融市场化程度等。随着我国金融体制的改革，金融市场化程度不断提高，公司的融资环境更加宽松，获得信贷资金的速度更快，因此资本结构调整的速度也更快。本书并未将这些因素纳入分析，而这些因素的影响效果可能会削弱或超过会计制度的影响效果，从而导致出现以上结果，这也为我们今后的研究提供了思路和空间。

从调整方向来看，在第三和第四阶段，交互变量 $DA_{i,t-1}\left(LEV_{it}^{*}-LEV_{i,t-1}\right)$ 的回归系数在向下调整组分别为－0.065588 和－0.1258479，其绝对值均小于向上调整组系数的绝对值，这与前面全阶段检验的结果一致，表明在不同阶段，会计制度对资本结构不同方向调整速度的影响程度也存在差异。向上调整组和向下调整组交互变量 $DA_{i,t-1}\left(LEV_{it}^{*}-LEV_{i,t-1}\right)$ 的回归系数绝对值的差额在第三阶段要小于第四阶段，表明当会计信息质量下降时（第四阶段 DA 均值大于第三阶段），会计制度因素对资本结构不同方向调整速度的影响差异会更明显。

此外，会计制度变迁第二阶段调整速度为 28.88%，第三阶段调整速度为 41.41%，第四阶段调整速度为 49.28%，均不等于 1。这也进一步证明了会计制度路径依赖引发的低效率传递到了资本结构调整中，导致公司只能部分调整其资本结构。

3. 假设7的检验：会计制度与资本结构调整方式

首先利用模型（5.14）分会计制度变迁的不同阶段检验公司通过哪些调整方式来进行资本结构调整，然后利用模型（5.15）检验会计制度因素对这些调整方式的影响。由于信贷规模 *Cred*、股权扩容规模 *Equi* 之间的相关程度较高（*Cred* 与 *Equi* 的相关系数为－0.904），若同时加入模型将产生较严重的多重共线性问题，因此在检验债务融资方式时加入信贷规模 *Cred*，检验股权融资方式时加入股权扩容规模 *Equi*。检验结果如表 6.22 至表 6.24 所示。

从表 6.22 第 1 列可以看出，资本结构偏离程度 *Dev* 的回归系数显著为正，表明当资本结构低于目标水平时，向下偏离目标水平越远，公司增加有息负债的可能性越大，即趋向目标值进行资本结构调整的可能性越大；第 5 列中 *Dev* 的回归系数也显著为正，表明当资本结构高于目标水平时，向上偏离目标水平越远，增加权益融资的可能性就越大，说明在会计制度变迁的第二阶段，增加有息负债和增加权益融资这两种调整方式是公司进行资本结构调整的有效路径。而第 3 列和第 7 列中 *Dev* 的回归系数虽然均为正，但并不显著，表明该阶段减少权益融资和减少有息负债这两种调整方式并非资本结构调整的有效路径。在第 2、4、6、8 列中，会计制度与偏离程度的交互变量 *DA* · *Dev* 的回归系数是研究的重点，可以发现，当资本结构低于和高于目标水平时，交互变量的回归系数均不显著，表明该阶段会计制度对公司选择通过增加和减少有息负债、增加和减少权益融资方式向目标资本结构进行调整的影响很小，即对资本结构调整方式的影响不明显。这个结果与前文会计制度对资本结构及资本结构调整速度的影响不显著的检验结果相对应，进一步说明该阶段的会计制度由于处于调整完善阶段，会计信息质量不高，从而使得会计制度对公司选择何种调整方式进行资本结构动态调整无法产生显著影响。

从表 6.23 第 1 列和第 5 列可以看出，资本结构偏离程度 *Dev* 的回归系数均显著为正，表明在会计制度变迁的第三阶段，增加有息负债和增加权益融资这两种调整方式是公司进行资本结构调整的有效路径。而第 3 列和第 7 列中 *Dev* 的回归系数虽然均为正，但并不显著，表明该阶段减少权益融资和减少有息负债这两种调整方式并非资本结构调整的有效路径。在第 2 列中，会计制度与偏离程度的交互变量 *DA* · *Dev* 的回归系数显著为正，表明 *DA* 越小，会计信息质量越高，公

表 6.22　会计制度因素对资本结构调整方式影响的检验结果（1998～2000）

$$P\left(Adjust-N_{i,t}=1\right)=\phi\left(\alpha_0+\alpha_1 Dev_{i,t-1}+\sum_j \beta_j X_{i,t-1}+\xi_{it}\right)$$

$$P\left(Adjust-N_{i,t}=1\right)=\phi\left(\alpha_0+\alpha_1 Dev_{i,t-1}+\alpha_2 DA_{i,t-1}+\alpha_3 DA_{i,t-1}\cdot Dev_{i,t-1}+\sum_j \beta_j X_{i,t-1}+\xi_{it}\right)$$

	向上调整				向下调整			
	增加有息负债		减少权益融资		增加权益融资		减少有息负债	
DA • *Dev*		19.8708 （0.254）		47.1365 （0.311）		− 57.632 （0.255）		− 40.1428 （0.573）
DA		− 4.6683 （0.165）		− 2.2272 （0.743）		6.7898 （0.192）		7.4654 （0.257）
Dev	2.824** （0.020）	5.989*** （0.008）	2.4118 （0.358）	6.6936 （0.202）	3.8031* （0.053）	2.3819* （0.070）	2.7402 （0.479）	1.0362 （0.897）
Cred	0.2418** （0.025）	0.2597** （0.018）					0.1734 （0.422）	0.2075 （0.345）

Equi			93.2204 （0.325）	91.3135 （0.333）	77.13** （0.046）	79.77** （0.046）		
Growth	0.9586* （0.085）	0.9924** （0.077）	− 0.3941* （0.054）	− 0.3548* （0.075）	1.9647* （0.089）	1.9392* （0.098）	− 2.7304* （0.065）	− 2.5890* （0.081）
Tang	1.0862** （0.042）	1.1480** （0.040）	2.9335 （0.255）	3.1638 （0.221）	0.3381 （0.847）	0.5641 （0.755）	3.4550 （0.182）	4.2675 （0.119）
Prof	− 2.0584 （0.739）	− 3.1360 （0.617）	6.4672 （0.542）	7.0973 （0.501）	− 9.2969* （0.092）	− 9.0102* （0.098）	0.3599 （0.977）	0.4255 （0.973）
N	224	224	224	224	106	106	106	106
Pseudo R^2	0.0506	0.0614	0.0654	0.0865	0.1174	0.13	0.0776	0.0941

注：括号内为 p 值；*、**、***分别表示在10%、5%、1%水平显著。

表 6.23 会计制度因素对资本结构调整方式影响的检验结果（2001 ～ 2006）

$$P\left(Adjust-N_{i,t}=1\right)=\phi\left(\alpha_0+\alpha_1 Dev_{i,t-1}+\sum_j \beta_j X_{i,t-1}+\xi_{it}\right)$$

$$P\left(Adjust-N_{i,t}=1\right)=\phi\left(\alpha_0+\alpha_1 Dev_{i,t-1}+\alpha_2 DA_{i,t-1}+\alpha_3 DA_{i,t-1}\cdot Dev_{i,t-1}+\sum_j \beta_j X_{i,t-1}+\xi_{it}\right)$$

	向上调整				向下调整			
	增加有息负债		减少权益融资		增加权益融资		减少有息负债	
DA · *Dev*		35.8541* （0.091）		− 23.7924 （0.368）		− 82.7785** （0.022）		− 3.0832 （0.786）
DA		− 3.4664 （0.210）		3.3872 （0.432）		7.4269* （0.067）		− 0.9905 （0.696）
Dev	0.4609* （0.068）	1.6687* （0.051）	0.2342 （0.899）	3.1082 （0.394）	2.0414* （0.075）	13.5461** （0.021）	3.5284 （0.304）	3.9712 （0.313）
Cred	0.0494* （0.094）	0.0501* （0.090）					0.00644 （0.741）	0.0061 （0.753）

Equi			− 1.5060 （0.182）	− 1.9173 （0.101）	2.4972** （0.017）	2.5487** （0.015）		
Growth	0.4224* （0.051）	0.3619* （0.058）	− 1.8773* （0.057）	− 1.8095* （0.077）	0.1148 （0.868）	0.3482 （0.377）	− 0.3925 （0.557）	− 0.3342 （0.623）
Tang	0.1280* （0.086）	0.1856* （0.081）	− 0.3661 （0.788）	− 0.35945 （0.795）	0.2768 （0.853）	0.4553 （0.769）	− 1.9164 （0.176）	− 2.1132 （0.147）
Prof	− 8.6173*** （0.006）	− 8.6719*** （0.006）	12.7183 （0.109）	12.3982 （0.117）	− 27.3767* （0.053）	− 35.7735** （0.018）	24.1028* （0.073）	23.3237* （0.084）
N	448	448	448	448	212	212	212	212
Pseudo R^2	0.0145	0.0172	0.0552	0.0582	0.0269	0.0682	0.0389	0.0363

注：括号内为 p 值；*、**、***分别表示在 10%、5%、1%水平显著。

表 6.24　会计制度因素对资本结构调整方式影响的检验结果（2007～2014）

$$P\left(Adjust-N_{i,t}=1\right)=\phi\left(\alpha_0+\alpha_1 Dev_{i,t-1}+\sum_j \beta_j X_{i,t-1}+\xi_{it}\right)$$

$$P\left(Adjust-N_{i,t}=1\right)=\phi\left(\alpha_0+\alpha_1 Dev_{i,t-1}+\alpha_2 DA_{i,t-1}+\alpha_3 DA_{i,t-1}\cdot Dev_{i,t-1}+\sum_j \beta_j X_{i,t-1}+\xi_{it}\right)$$

	向上调整				向下调整			
	增加有息负债		减少权益融资		增加权益融资		减少有息负债	
DA • *Dev*		3.0604* （0.052）		－13.6963 （0.348）		－38.0854* （0.075）		4.8867 （0.456）
DA		3.6091* （0.069）		1.0932 （0.662）		0.2671 （0.922）		0.8627 （0.659）
Dev	2.8101*** （0.001）	2.5997* （0.054）	0.6321 （0.648）	1.6210 （0.439）	3.0508* （0.069）	8.1908* （0.016）	5.1088*** （0.007）	7.8943** （0.010）
Cred	0.0089312* （0.100）	0.0021* （0.099）					0.0012 （0.719）	0.0021 （0.545）

Equi			− 1.9190 (0.913)	− 3.0539 (0.863)	13.5234* (0.051)	24.87525* (0.100)		
Growth	0.7348* (0.057)	1.0997** (0.020)	− 0.3331* (0.050)	− 0.4445* (0.054)	0.4296 (0.312)	0.7847** (0.022)	− 1.6853*** (0.002)	− 2.0404*** (0.002)
Tang	1.5834** (0.017)	1.5581** (0.020)	− 1.0234 (0.200)	− 1.0304 (0.240)	− 0.7502 (0.262)	− 0.4714 (0.485)	− 0.5698 (0.448)	− 1.0052 (0.250)
Prof	− 6.5499*** (0.001)	− 6.6356*** (0.001)	2.9993 (0.348)	2.9631 (0.451)	− 6.2918 (0.231)	− 3.1076 (0.479)	17.0316*** (0.005)	17.7423*** (0.004)
N	488	488	488	488	392	392	392	392
Pseudo R^2	0.0542	0.0573	0.0075	0.0079	0.0302	0.0497	0.0515	0.0576

注：括号内为 p 值；*、**、***分别表示在 10%、5%、1%水平显著。

司通过增加有息负债方式来调整资本结构的可能性越小；在第 6 列中，交互变量的回归系数则显著为负，表明 *DA* 越小，会计信息质量越高，公司通过增加权益融资方式来调整资本结构的可能性越大。在第 4、8 列中，交互变量 *DA* · *Dev* 的回归系数均不显著，表明该阶段会计制度对公司选择通过减少权益融资和减少有息负债方式向目标资本结构进行调整的影响不显著。而前文我们分析认为，当会计信息质量提高时，股权融资成本和债务融资成本都会下降，但前者下降的程度会大于后者，因此公司会选择股权融资方式对资本结构进行调整，其中向上调整的公司会采用减少权益的方式，向下调整的公司会采用增加权益的方式。以上检验结果部分验证了前面的假设，即在会计信息质量提高时（第三阶段 *DA* 均值小于第二阶段），向下调整的公司会选择股权融资方式（增加权益融资）对资本结构进行调整。

从表 6.24 第 1、5、7 列可以看出，资本结构偏离程度 *Dev* 的回归系数均显著为正，表明在会计制度变迁的第四阶段，增加有息负债、增加权益融资和减少有息负债这三种调整方式都是公司进行资本结构调整的有效路径。而第 3 列中 *Dev* 的回归系数虽然为正，但并不显著，表明该阶段减少权益融资这种调整方式并非资本结构调整的有效路径。在第 2 列中，交互变量 *DA* · *Dev* 的回归系数显著为正，表明 *DA* 越大，会计信息质量越低，公司通过增加有息负债方式来调整资本结构的可能性越大；在第 6 列中，交互变量的回归系数则显著为负，表明 *DA* 越大，会计信息质量越低，公司通过增加权益融资方式来调整资本结构的可能性越小。与第三阶段相同，第 4、8 列中交互变量 *DA* · *Dev* 的回归系数均不显著，表明该阶段会计制度对公司选择通过减少权益融资和减少有息负债方式进行资本结构调整的影响也不显著。而前文我们分析认为，当会计信息质量下降时，股权融资成本和债务融资成本都会上升，但前者上升的程度会大于后者，因此公司会选择债务融资方式对资本结构进行调整，其中向上调整的公司会采用增加负债的方式，向下调整的公司会选择偿还负债的方式。而该检验结果部分验证了前面的假设，即在会计信息质量下降时（第四阶段 *DA* 均值大于第三阶段），向上调整的公司会选择债务融资方式（增加有息负债）对资本结构进行调整。

综合三个阶段的检验结果来看，可以发现，公司在进行资本结构调整时，向上调整会选择增加有息负债的方式，而向下调整会选择增加权益融资的方式。会计制度因素对向下调整时选择增加权益融资方式和向上调整时选择增加有息负债方式具有显著促进作用；减少权益融资和减少有息负债这两种调整方式并非公司进行资本结构调整的有效路径，会计制度对它们的影响也不显著。

控制变量方面，信贷规模（*Cred*）、股权扩容规模（*Equi*）在会计制度变迁的三个阶段均分别与增加有息负债和增加权益融资这两种调整方式显著正相关，而与减少有息负债和减少权益融资这两种方式不相关。这表明信贷规模越大，货币政策越宽松，公司越容易获得银行贷款，因此选择增加有息负债方式向上调整资本结构的可能性越大；而股权扩容规模越大，公司股权再融资的障碍越小，因此公司选择增加权益融资方式向下调整资本结构的可能性就越大。*Growth* 在第二和第四阶段与增加有息负债和增加权益融资方式显著正相关，与减少权益融资和减少有息负债显著负相关，表明成长性越高的公司因其有较大的资金需求，必须要通过增加负债和增加权益两种方式进行外部融资；在第三阶段仅与向上调整的两种方式显著相关，即与增加有息负债显著正相关，与减少权益融资显著负相关，但与向下调整的两种方式没有体现出相关性。*Tang* 在会计制度变迁的三个阶段均与向上调整时增加有息负债的调整方式显著正相关，原因可能是公司的有形资产越多则可用于抵押来获得负债，并且有形资产越多给债权人的保障越大，因此公司更容易采用增加负债的方式来获得资金，以达到调整资本结构的目的。*Prof* 在第二阶段仅与增加权益融资方式显著负相关；在第三阶段与增加有息负债和增加权益融资方式显著负相关，与减少有息负债显著正相关；在第四阶段与增加有息负债显著负相关，与减少有息负债显著正相关。这表明盈利能力越强的公司，由于具有较多盈余资金，融资时首选内源融资，因此在向上调整和向下调整时都不会选择外源融资方式；并且在向下调整时，由于资金充裕，会选择偿还负债的方式达到调整资本结构的目的。

4. 假设8的检验：融资成本中介效应

以上实证检验结果表明，会计制度因素的确能够对资本结构动态调整速度及向下调整时的增加权益融资方式和向上调整时的增加有息负债方式产生影响。前文我们分析，这种影响的传递路径主要是通过融资成本实现的，即融资成本在会计制度和资本结构之间起到了中介的作用，会计制度是通过影响融资成本而对资本结构的调整产生影响的。那么融资成本的中介效应是否存在？融资成本是起到完全中介作用还是部分中介作用？下面我们将对此进行检验。

第一步对自变量会计制度和因变量资本结构之间的关系进行检验，这在前文已经进行了会计制度变迁全阶段（见表 6.16）和分阶段（见表 6.17）检验。全阶段检验结果显示会计制度显著影响资本结构，但分阶段检验结果显示会计制度对资本结构的影响在会计制度变迁的第二阶段不显著，在第三和第四阶段仍旧显著。因此，我们将仅对会计制度变迁的第三和第四阶段进行下一步检验。

第二步对自变量会计制度和中介变量股权融资成本及债务融资成本之间的关系进行检验，在前文也已进行了分阶段检验（见表 6.10 和表 6.11）。检验结果显示，在各个阶段会计制度对两种融资成本的影响都很显著。因此，再进行第三步检验。

第三步我们仍旧使用系统 GMM 估计方法对模型（5.16）进行分阶段估计，结果如表 6.25 所示。

表 6.25　中介效应检验结果（分阶段检验）

变　量	2001 ～ 2006 年	2007 ～ 2014 年
LEV_{t-1}	0.7269637*** （0.000）	0.7670316*** （0.000）
DA_{t-1}	0.0100697* （0.072）	0.00252735*** （0.000）
$Costequity_{t-1}$	0.0317004** （0.031）	0.0006691** （0.045）
$Costdebt_{t-1}$	0.0681333* （0.070）	0.3043502*** （0.000）
$Liqu_{t-1}$	0.0319202** （0.012）	0.0441023*** （0.000）
$Size_{t-1}$	－ 0.1536533*** （0.000）	－ 0.1926953*** （0.000）
$Growth_{t-1}$	－ 0.0181622 （0.285）	－ 0.011931** （0.046）
$Tang_{t-1}$	0.0595931 （0.158）	0.0259512* （0.076）

续表

变 量	2001～2006年	2007～2014年
$Prof_{t-1}$	0.4148842* （0.062）	0.2679808*** （0.000）
年度	控制	控制
行业	控制	控制
AR(1)	0.0000	0.0000
AR(2)	0.2822	0.1151
Sargan test	46.22429***	84.25949***

注：括号内为*p*值；*、**、***分别表示在10%、5%、1%水平显著；扰动项自相关检验*AR*(2)是对一阶差分后的残差进行二阶序列相关检验的*p*值；*Sargan test*是过度识别检验。

由表6.25可知，在会计制度变迁的第三阶段加入中介变量后，中介变量股权融资成本（*Costequity*）和债务融资成本（*Costdebt*）分别在5%和10%水平下与资本结构显著正相关，表明两种融资成本均会对资本结构产生显著影响；会计制度（*DA*）在1%的水平下与资本结构显著正相关，系数为0.0100697，而加入中介变量前为0.0269217（见表6.17），系数变小，说明融资成本进入模型后，会计制度与资本结构仍然显著相关，但相关系数显著降低，从而证明融资成本在其中发挥了部分中介作用。

在会计制度变迁的第四阶段加入中介变量后，中介变量股权融资成本（*Costequity*）和债务融资成本（*Costdebt*）分别在5%和1%水平下与资本结构显著正相关，表明两种融资成本均会对资本结构产生显著影响；会计制度（*DA*）在10%的水平下与资本结构显著正相关，系数为0.00252735，而加入中介变量前为0.0184631（见表6.17），系数变小，说明融资成本进入模型后，会计制度与资本结构仍然显著相关，但相关系数也显著降低，从而证明融资成本在其中发挥了部分中介作用。

由此可见，在会计制度变迁的第三、第四阶段，融资成本在会计制度与资本结构动态调整之间发挥了部分中介作用，假设8得到验证。

此外，在控制变量方面，会计制度变迁的第三阶段中，公司特征因素中的公司规模（*Size*）在 1%的显著性水平下通过检验，资产流动性（*Liqu*）和盈利能力（*Prof*）在 5%的显著性水平下通过检验，资产有形性（*Tang*）和成长性（*Growth*）没有通过检验。在会计制度变迁的第四阶段，公司特征因素中的资产流动性（*Liqu*）、公司规模（*Size*）、盈利能力（*Prof*）均在 1%的显著性水平下通过检验，成长性（*Growth*）在 5%的显著性水平下通过检验，资产有形性（*Tang*）在 10%的显著性水平下通过检验。这些结果与之前学者的研究结果相似，在此不再赘述。第三、第四阶段扰动项自相关检验结果 *AR*(2) 的 p 值分别为 0.2822、0.1151，表明利用系统 GMM 分阶段进行估计时，均不存在二阶序列相关，扰动项无自相关。而 *Sargan test* 的结果均表明所有工具变量都合理有效，不存在过度识别，系统 GMM 估计有效。

通过以上实证检验我们发现：①会计制度变迁显著影响公司资本结构动态调整速度，并且其对向上调整速度的影响大于对向下调整速度的影响，这种影响差异在会计信息质量下降的阶段表现得更突出；②在调整方式方面，会计制度变迁对向下调整时选择增加权益融资方式和向上调整时选择增加有息负债方式具有显著促进作用，但对减少权益融资和减少有息负债这两种调整方式的影响并不显著。

6.4 本章小结

本章根据会计制度影响资本结构动态调整的运行路径，分三步进行了具体的实证检验。首先运用扩展的 Jones 模型、盈余－股票报酬计量模型和修正的价格模型分别从盈余质量、会计稳健性、会计信息价值相关性三个方面对会计信息质量随会计制度变迁的变化进行了实证检验，从而得到我国会计制度变迁对会计信息质量的影响效果。其次用扩展的 Jones 模型计算的盈余质量作为会计信息质量的度量指标，对会计信息质量对股权融资成本和债务融资成本的影响差异，以及这种差异是否会随着会计信息质量的变化而发生变化进行检验。最后，在上述两个检验的基础上，利用资本结构的动态调整模型，运用系统 GMM 的估计方法和 OLS 回归分析方法检验了会计制度变迁对公司资本结构动态调整速度的影响，利用 Logit 模型回归分析方法检验了会计制度变迁对公司资本结构动态调整方式的影响，并进一步利用 Baron 和 Kenny（1986）提出的检验中介变量的方法对融资成本在其中发挥的中介作用进行了检验。

第 7 章

结论与展望

7.1 主要研究结论

本书以我国历次会计制度变迁为背景，从调整速度和调整方式两个方面分析了会计制度变迁对公司资本结构动态调整的影响机理，并进行了实证检验。按照影响机理推演到经验证据检验的研究方法，层层递进、逐步深入的研究方式，以“相关文献研究综述—基础理论—影响机理的推演—经验数据的检验—研究结论”的研究路线逐层展开研究。

本书首先对会计制度变迁相关研究、影响资本结构的制度因素研究、资本结构动态调整研究等相关文献研究进行梳理，对这些领域目前研究的现状进行总结，一方面发现对本书所研究内容有借鉴之处的结论与方法，另一方面发现有关会计制度对资本结构动态调整影响的研究尚属于空白，因此将此问题作为本书研究的方向。其次，从会计制度、会计信息、公司融资行为之间的关系入手，对会计制度与资本结构的基础关系进行了分析，结合制度变迁基本理论、资本结构基本理论和资本结构动态调整理论，剖析会计制度变迁对资本结构动态调整速度和调整方式产生影响的机理。最后，根据上述影响机理描述的路径，即会计制度变迁通过影响会计信息质量，进而影响融资成本，最终对公司资本结构的动态调整产生影响，通过提出假设、变量及模型的研究设计，以我国会计制度变迁前后的一段时间（1998～2014 年）为研究窗口，以 110 家上市公司 17 年的平衡面板数据为样本，分别从会计制度变迁对会计信息质量的影响、会计信息质量对融资成本的影响、会计制度变迁对资本结构动态调整速度和调整方式的影响三个层面，层层递进检验了前述影响机理在我国的适用情况及效果。通过上述章节的研究，得到如下几个主要结论。

（1）会计制度变迁会影响会计信息质量。随着会计制度的变迁，会计信息质量的确在发生变化：操控性应计利润呈先降后升的趋势，即盈余质量先提高后降低；会计盈余稳健性和会计信息价值相关性均逐步提高，并且第三阶段和第四阶段会计制度变迁效果比第二阶段显著。

本书利用扩展的Jones模型、盈余－股票报酬计量模型和修正的价格模型分别对盈余质量、会计盈余稳健性、会计信息价值相关性随会计制度变迁的变化进行了实证检验，结果发现：随着会计制度的变迁，上市公司会计盈余质量在第三阶段有所提高，但在第四阶段却有所降低；在会计盈余稳健性方面，会计制度变迁第二阶段（1998～2000年）、第三阶段（2001～2006年）和第四阶段（2007～2014年）会计盈余稳健性逐步提高，制度变迁效果较好；会计信息价值相关性在整个会计制度变迁阶段总体呈现一个上升趋势，其中，会计制度变迁的第三和第四阶段会计信息价值相关性大幅提升，变迁效果显著。

（2）会计信息质量对股权融资成本和债务融资成本的影响程度存在差异。在同一会计信息质量水平下，会计信息对股权融资成本的影响大于对债务融资成本的影响；当会计信息质量发生变化时，其对股权融资成本和债务融资成本的影响差异也随之发生变化，当会计信息质量高时影响差异缩小，而当会计信息质量下降时影响差异变大。

本书用扩展的 Jones 模型计算的盈余质量针对会计信息质量对股权融资成本和债务融资成本的影响差异及差异的变化进行了实证检验。研究发现：在会计制度变迁的各阶段，股权融资成本和债务融资成本均与 *DA* 显著正相关，两种融资成本的 *DA* 系数大小不同，股权融资成本的 *DA* 系数大于债务融资成本的 *DA* 系数；两种融资成本的 *DA* 系数差在各阶段也在发生变化，在会计信息质量提高的阶段系数差变小，在信息质量下降的阶段系数差变大，从而验证了会计信息质量对两种融资成本的影响是有差异的，并且这种差异也会随着会计信息质量的变化而变化。

（3）会计制度变迁显著影响公司资本结构动态调整速度，并且其对向上调整速度的影响大于对向下调整速度的影响，这种影响差异在会计信息质量下降的阶段表现得更突出；调整方式方面，会计制度变迁对向下调整时选择增加权益融资方式和向上调整时选择增加有息负债方式具有显著促进作用，但对减少权益融资和减少有息负债这两种调整方式的影响并不显著；会计制度的路径依赖特性也对资本结构的动态调整产生影响，使公司只能部分调整其资本结构；融资成本在会计制度对资本结构动态调整的影响中发挥了部分中介作用。

本书首先建立资本结构动态调整模型，运用系统GMM的估计方法针对会计制度及其路径依赖性对资本结构的影响进行了初步检验，同时得到估计目标资本结构 LEV_{it}^{*} 的各个参数，并计算出 LEV_{it}^{*} 。结果发现，除第二阶段外，会计制度滞后一期都与资本结构显著相关，说明会计制度的确会影响资本结构选择，原有会计制度仍会影响资本结构，会计制度的路径依赖性得以体现。其次，在对资本结构的基准调整速度进行估计的基础上，加入会计制度变量，利用OLS回归分析，从全样本和分阶段样本两个方面检验会计制度对资本结构总体调整速度的影响以及不同负债水平下调整速度的影响，结果发现调整速度的确与会计制度变迁有关，但会计制度因素并不是唯一的制度影响因素，还有其他制度因素会对调整速度产生影响；进一步分不同调整方向来看，无论是全阶段还是分阶段检验，会计制度对向上调整速度的影响都大于对向下调整速度的影响，这说明在不同的负债水平下，会计制度对资本结构的影响效果存在异质性，并且在会计信息质量下降的阶段表现得更明显；各阶段资本结构的调整速度均不相同，且均不等于1，进一步证明了会计制度的路径依赖性。第三，利用Logit模型回归分析，检验会计制度变迁对公司资本结构动态调整方式的影响，结果发现会计制度与向下调整时增加权益融资方式和向上调整时增加有息负债方式显著相关，但对减少权益融资和减少有息负债这两种调整方式不相关。最后，利用Baron和Kenny提出的检验中介变量的方法检验融资成本在会计制度变迁对资本结构动态调整影响中的中介作用，发现其在会计制度对资本结构动态调整的影响中发挥了部分中介作用。

7.2　研究创新点

本书的创新之处主要体现在以下两个方面。

（1）拓展了资本结构研究制度视角的研究思路。国外学者率先从制度视角研究资本结构，但他们的研究主要从税收制度、破产制度、资本市场、法制体系和投资者保护等几个方面展开，专门针对会计制度对资本结构影响的研究还很鲜见。本书将公司资本结构调整行为置于会计制度变迁背景下，研究会计制度因素对资本结构的影响，拓展了资本结构决定制度视角的研究思路，为这方面的研究作出了增量贡献。

（2）理清了会计制度变迁对资本结构动态调整影响的内在机理，并通过连续多年的大样本对该机理进行了检验。已有研究多关注会计制度变迁对会计信息质量以及会计信息质量对融资成本的影响，却很少将会计制度变迁、会计信息质量、融资成本三者之间的影响传导进一步延伸，与公司资本结构动态调整建立联系。本书将会计制度变迁与公司资本结构联系起来，利用信息不对称理论、委托代理理论和制度变迁路径依赖理论，剖析了会计制度、会计信息和公司融资行为之间的关系，从调整速度和调整方式两个方面剖析了会计制度变迁对资本结构动态调整影响的传导路径与机理。并利用1998～2014年110家上市公司17年的平衡面板数据对该机理在我国的适用性进行了实证检验，发现会计制度变迁显著影响公司资本结构动态调整速度，且其对向上调整速度的影响大于对向下调整速度的影响，这种影响差异在会计信息质量下降的阶段表现得更突出。在调整方式方面，会计制度变迁对向下调整时选择增加权益融资方式和向上调整时选择增加有息负债方式具有显著促进作用，但对减少权益融资和减少有息负债这两种调整方式的影响并不显著，会计制度的确通过融资成本与资本结构动态调整发生关联，融资成本起到了部分中介作用。

7.3　研究启示与政策建议

（1）会计制度及会计制度的变迁是具有经济后果的，宏观制度环境对公司微观行为具有重要影响。会计制度的不断完善可以通过规范和提高会计信息质量水平，降低投资者和公司之间的信息不对称程度，缓解委托代理问题，从而有助于优化公司融资环境，降低融资成本和融资约束，加快公司进行资本结构调整的速度。因此作为制度的制定者和决策者，政府在下一步修订会计制度、调整会计政策时，应充分考虑和重视会计制度和会计政策对公司可能会带来的各种影响，进一步规范和完善会计信息的生成和披露，充分发挥会计信息在降低信息不对称程度和融资约束程度方面的作用，改善我国资本市场环境，提高资本市场的运行效率，引导公司进行合理高效的融资，提高融资效率，进一步加快公司向目标资本结构进行调整的速度。同时，作为制度执行者的公司，也要充分理解制度对公司资本结构选择及调整的作用，重视公司融资决策背后的制度内涵，不断提升对制度的适应性，优化财务决策，促进公司目标资本结构的形成，优化其资本结构，不断提高公司价值。

（2）在我国特殊的金融市场和资本市场环境下，公司进行资本结构调整时，对于不同调整方式的选择，除了考虑融资成本外，更多受到信贷政策、信贷规模的变动、证监会融资政策的变化等宏观政策因素的影响和制约。我们的研究发现，除会计制度因素对资本结构调整方式有影响外，信贷规模（*Cred*）、股权扩容规模（*Equi*）、成长性（*Growth*）、盈利性（*Prof*）、资产有形性（*Tang*）等对调整方式也具有显著影响，说明会计制度变迁通过影响会计信息质量进而影响融资成本，并对资本结构调整方式产生显著影响外，我国公司选择融资方式调整资本结构时，融资成本只是考虑因素之一，而融资资源可获得性的制约，信贷政策、信贷规模的变动，证监会融资政策的变化等宏观政策和金融市场供给条件的限制对调整方式的影响也很大。因此，为使公司能够更便捷地进行资本结构的调整，除了进一步完善会计制度外，金融市场和资本市场中的其他相关配套制度和政策的改进和完善也很重要，如进一步降低信贷资金宏观调控管理体制下的行政性力量、改进股权再融资政策、进一步提高利率市场化水平等。

（3）会计制度变迁的路径依赖性也具有经济后果，会计制度也具有时间上的“滞后”性和低效率性，这种“滞后”与低效率会对公司微观行为产生影响。因此，一方面，在新的会计制度颁布实施后，政府应通过组织培训、加大宣传等方式让新会计制度的执行主体了解和理解新制度，使他们能主动地、自愿地、严格地按照新制度来处理会计业务，尽量减少原有会计制度对公司的影响；另一方面，对会计制度实际执行者的公司来说，也应充分重视会计制度的变化，尤其是可能对公司会计信息产生影响的有关会计制度，严格规范地执行新制度、新方法，消除新制度的“滞后”性，从而避免会计制度路径依赖的低效率带来的经济后果，保证新会计制度的有效执行，真正发挥它的积极作用，使会计信息质量得到实质提高，减少信息不对称，缓解公司融资约束，加快公司调整其资本结构的速度。

7.4 研究局限与展望

7.4.1 研究局限

本书研究了会计制度变迁对公司资本结构调整的影响，从影响机理的推导到经验数据的检验，力求完善与严谨。然而，由于将会计制度变迁与公司资本结构动态调整相结合的研究属于尝试性，再加上个人能力有限与现有客观条件的限制，本书还存在以下两个不足之处。

（1）研究的时间跨度为1998～2014年，在此期间公司的外部环境中存在的其他制度变革也可能对本研究产生一定影响，如税制改革、股权分置改革、金融危机、金融体制改革等，但本书并没有将这些制度因素作为控制变量纳入模型中，这可能会对研究结果产生一定的影响。虽然书中尽可能考虑用行业和年度来排除这些因素的干扰，但由于这些宏观事件发生的时间与会计制度变迁时间穿插在一起，因此很难完全消除它们的影响。

（2）公司资本结构的调整包括存量调整和流量调整两方面。存量调整是在不改变现有资产规模的基础上，根据目标资本结构的要求，对现有资本结构进行必要的调整；而流量调整则是通过改变总资产的方式进行资本结构的调整，又可分为增量调整和减量调整。但对于总体而言，资本结构的调整主要是流量调整，并且最主要是其中的增量调整。因此，本书在对资本结构调整进行研究时，并未对存量调整和流量调整进行严格区分。此外，本书在研究资本结构动态调整方式时，主要研究外源融资中的股权融资和债务融资两种方式，并且把每一类融资方式看作同质的，着眼于总体的股权资金和债务资金进行分析，没有区分每一类别中各种不同融资方式的具体差异，也并未考虑商业信用和内部留存等方式对资本结构调整的影响，这可能会对研究结论产生一定程度的影响。

7.4.2 研究展望

本书尝试将会计制度变迁与公司资本结构动态调整建立联系，针对会计制度变迁对公司资本结构动态调整影响的研究进行了初步探讨，后续还可从以下几个方面再展开深入研究。

（1）进一步区分存量和增量调整，并对会计制度变迁下，公司资本结构动态调整的具体路径进行更详细的细化检验。每一种融资方式在融资风险、融资成本、融资程序和融资速度等方面都具有不同的特点，受会计信息质量变化的影响程度也会不同。那么，随着会计制度的变迁，会计信息质量发生变化，会对各种不同的资金增减路径产生什么样的影响？公司会采取何种路径，又为什么采取这种路径来调整其资本结构？这些问题值得我们继续深入研究。此外，除会计制度因素外，其他影响资本结构调整路径选择的因素也值得我们进一步研究。

（2）除会计制度外，其他宏观经济因素是否会对资本结构的动态调整产生影响？我国学者已就市场化程度、区域差异等宏观因素对资本结构调整速度的影响进行了研究，但有关税收制度、金融环境、经济周期等其他宏观因素对调整速度影响的研究还鲜有涉及，而这些因素不仅直接决定资本结构的选择及其调整，还会通过影响其他因素对资本结构的动态调整产生间接影响，这将是未来的研究方向之一。

（3）传统经济学以“理性人”作为研究的假设前提，认为人们总是理性地进行经营管理活动。但在精力、情绪、认知的局限性以及决策过程中心理作用等的限制和影响下，人们并非是完全理性的，其在使用信息进行决策时，并不能作出最合理的判断和决策。由此，行为金融学产生并飞速发展。行为金融学认为人们的活动并非完全理性，而是有着过度自信、回避损失、风险偏好、羊群效应以及过度反应等典型特征。在公司进行资本结构动态调整的过程中，融资渠道和融资方式的选择是管理者需要作出的重要决策，那么管理者个人的行为特征是否会对资本结构的调整速度和调整方式产生影响呢？从行为金融角度对此问题进行研究值得我们关注。

参考文献

[1] FRANCIS J，LAFOND R，OLSSON P，et al．Costs of Equity and Earnings Attributes［J］．The Accounting Review，2004（79）：967-1010．

[2] LAMBERT R，LEUZ C，VERRECCHIA R．Accounting Information，Disclosure and the Cost of Capital［J］．Journal of Accounting Research，2007（45）：385-420．

[3] FRANCIS J，NANDA D，OLSSON P．Voluntary Disclosure，Earnings Quality，and Cost of Capital［J］．Journal of Accounting Research，2008，46（1）：53-99．

[4] 王爽，张永庆．制度变迁路径比较研究［J］．特区经济，2010（1）：136-137．

[5] 吴革．中国会计制度国际化变迁路径、特征、困境与创新［J］．财会通讯·学术，2004（9）：49-53．

[6] 陈蓁．我国会计制度的变迁主体、变迁路径分析［J］．福建金融管理干部学院学报，2004（4）：47-50．

[7] 王保忠，黄解宇，王保庆．我国会计制度变迁理论研究综述［J］．财会通讯·综合，2009（6）（下）：3-6．

[8] 李娟．会计准则变迁及其成本分析［J］．财会月刊，2009（12）：52-53．

[9] BARTH M E，LANDSMAN W，LANG M．International Accounting Standards and Accounting Quality［J］．Journal of Accounting Research，2008，46（3）：467-498．

[10] AHMED A S，NEEL M J，WANG D．Does Mandatory Adoption of IFRS Improve Accounting Quality? Preliminary Evidence［J］．Contemporary Accounting Research，2012．

[11] VAN TENDELOO B，VANSTRAELEN A．Earnings Management under German GAAP Versus IFRS［J］．European Accounting Review，2005，

14（1）：155-180.
[12] 郑赟赟. 会计制度变迁、会计信息质量与非效率投资［D］. 武汉：华中科技大学，2011.
[13] 赵耀，乔贵涛，张健. 会计准则变迁的经济后果研究：基于信息质量和权益资本成本视角［J］. 新疆师范大学学报（哲学社会科学版），2014（1）：111-118.
[14] 周春梅. 上市公司盈余质量与会计准则变迁：文献综述与实证检验［J］. 武汉商业服务学院学报，2010，24（2）：47-49.
[15] BASU S. The Conservatism Principle and the Asymmetric Timeliness of Earnings［J］. Journal of Accounting and Economics，1997（24）：3-37.
[16] GIVOLY D，HAYN C. The Changing Time-series Properties of Earnings，Cash Flows and Accruals：Has Financial Reporting Become More Conservative［J］. Journal of Accounting and Economics，2000（3）：287-320.
[17] POPE P F，WALKER M. International Differences in the Timeliness，Conservatism，and Classification of Earnings［J］. Journal of Accounting Research，1999：37
[18] GINER B，REES W. On the Asymmetric Recognition of Good and Bad News in France，Germany and the UK［J］. Journal of Business，Finance and Accounting，2001（28）：1285-1331.
[19] BALL R，KOTHARI S P，ROBIN A. The Effect of International Institutional Factors on Properties of Accounting Earnings［J］. Journal of Accounting & Economics，2000，29（1）：1-51.
[20] BARTH M E，LANDSMAN W R，LANG M. International Accounting Standards and Accounting Quality［R］. Working Paper，Stanford University and University of North Carolina，2005.
[21] 曲晓辉，邱月华. 强制性制度变迁与盈余稳健性：来自深沪证券市场的经验证据［J］. 会计研究，2007（7）：20-28.
[22] 赵春光. 中国会计改革与谨慎性的提高［J］. 世界经济，2004（4）：53-62.
[23] 陈旭东，黄登仕. 会计盈余水平与会计稳健性：基于分量回归的探索分析［J］. 管理科学，2006（8）：52-61.
[24] 朱茶芬. 会计管制与盈余质量关系的实证研究［J］. 财贸经济，2006

（5）：39-45.

[25] 迟旭升，洪庆彬. 新会计准则下会计盈余稳健性研究：来自深市A股上市公司的经验数据［J］. 东北财经大学学报，2009（2）：22-27.

[26] 李四海，陈榜. 会计准则变迁与会计盈余稳健性：基于沪市A股上市公司的实证分析［J］. 科学决策，2012（6）：43-52.

[27] 章雁，齐鑫鑫. 会计稳健性视域下新会计准则实施的经济后果实证研究：基于2007～2011年沪深股市A股经验数据［J］. 新会计，2014（4）：2-3.

[28] 刘斌，徐先知. 新会计准则国际趋同的效果研究：基于盈余稳健性视角的分析［J］. 财经论丛，2010，3（2）：78-84.

[29] 王丽萍. 会计准则变迁对条件稳健性的实证研究［J］. 财会通讯·综合，2011（11）：30-32.

[30] CLARKSON P，et al. The Impact of IFRS Adoption on the Value Relevance of Book Value and Earnings［J］. Journal of Contemporary Accounting & Economics，2011.

[31] GASTÓN S C，et al. IFRS Adoption in Spain and the United Kingdom：Effects on Accounting Numbers and Relevance［J］. Advances in Accounting，2010.

[32] GOODWIN J，AHMED K，HEANEY R. The Effects of International Financial Reporting Standards on the Accounts and Accounting Quality of Australian Firms：A Retrospective Study［J］. Journal of Contemporary Accounting & Economics，2008，4（2）：89-119.

[33] 吴水澎，徐莉莎. 新会计准则实施的效果：从价值相关性的角度［J］. 经济与管理研究，2008（6）：61-66.

[34] 崔慕华. 基于会计信息价值相关性角度的会计准则实施效果检验［J］. 财会月刊，2010（3）：93-94.

[35] 叶建华. 新旧会计准则下会计信息价值相关性比较研究［J］. 重庆工商大学学报（社会科学版），2011，28（4）：49-58.

[36] 何跃群，范垚璐，苏善江. 基于新旧会计准则的会计信息价值相关性比较分析：来自中国A股市场的经验证［J］. 财会通讯·综合，2014（1）（下）：8-10.

[37] 顾水彬. 会计准则的IFRS趋同对会计信息质量影响研究：基于B-S分项的价值相关性检验［J］. 财会通讯，2015（9）：10-13.

[38] 朱凯，赵旭颖，孙红. 会计准则改革、信息准确度与价值相关性：基于中

国会计准则改革的经验证据［J］．管理世界，2009（4）：47-54.
[39] 谭利，靳文杰．新会计准则对会计信息价值相关性的影响研究［J］．技术经济，.2010，29（4）：96-113.
[40] 李瑞良．会计准则变迁对会计信息价值相关性的影响研究［J］．中南财经政法大学研究生学报，2011（2）：103-110.
[41] 王跃堂，孙铮，陈世敏．会计改革与会计信息质量：来自中国证券市场的经验证据［J］．会计研究，2001（7）：16-26.
[42] 漆江娜，罗佳．会计准则变迁对会计信息价值相关性的影响研究：来自中国证券市场1993～2007的经验证据［J］．当代财经，2009（5）：103-109.
[43] BOODY D A，HUGHES J，LIU J. Earnings Quality，Insider Trading，and Cost of Capital［J］. Journal of Accounting Research，2005，43（5）：651-675.
[44] WONG L. Earnings quality and the cost of equity in Australia［R］. Working Paper，2008.
[45] 汪炜，蒋高峰．信息披露、透明度与资本成本［J］．经济研究，2004（7）：107.
[46] 曾颖，陆正飞．信息披露质量与股权融资成本［J］．经济研究，2006（2）：78.
[47] 胡海川，张心灵．上市公司信息披露质量与股权资本成本关系研究：来自深圳证券交易所2007年至2011年A股上市公司的经验证据［J］．财会通讯•综合，2013（11）（下）：58.
[48] 宴艳阳，周志．引入信息成本的信息结构与股权融资成本［J］．中国管理科学，2014（9）：10.
[49] 叶康涛，陆正飞．中国上市公司股权融资偏好解析：偏好股权融资就是缘于融资成本低吗［J］．经济研究，2004（4）：50.
[50] 黎明，龚庆云．准则革新、会计信息质量与权益资本成本：来自深市A股上市公司的经验证据［J］．财会通讯•综合，2010（10）（下）：7.
[51] 于富生，张敏．信息披露质量与债务成本：来自中国证券市场的经验证据［J］．审计与经济研究，2007（5）：96.
[52] 于静霞．盈余管理与银行债务融资成本的实证研究：来自A股市场的经验证据［J］．财政研究，2011（11）：69.
[53] 邱旭蓉．会计信息质量对融资成本的敏感性研究：股权VS债务［D］．南京：南京财经大学，2011.

[54] LEUZ C，VERRECHIA R E. The Economic Consequences of Increased Disclosure［J］. Journal of Accounting Research，Supplement，2001（38）：91-124.

[55] PLATIKANOVA R. Market Liquidity Effects of the IFRS［J］. Introduction in Europe，2007.

[56] EDWARD L，WALKER M，CHRISTENSEN H B. Mandating IFRS，Its Impact on the Cost of Equity Capital in Europe［R］. Working Paper，ACCA's Research Committee，2008.

[57] KOSI U，FLOROU A. The Economic Consequences of Mandatory IFRS Adoption for Debt Financing［R］. Working Paper，Lancaster University，and University of Macedonia，2009.

[58] KIM J B，TSUI J S L，YI C H. The Voluntary Adoption of International Financial Reporting Standards and Loan Contracting Around the World［J］. Review of Accounting Studies，2011，16（4）：779-811.

[59] DASKE H. Economic Benefits of Adopting IFRS or US-GAAP：Have the Expected Cost of Equity Capital Really Decreased［J］. Journal of Business Finance & Accounting，2006，33（3-4）：329-373.

[60] DASKE L，LEUZ H C，VERDI R. Mandatory IFRS Reporting Around the World：Early Evidence on the Economic Consequences［J］. Journal of Accounting Research，2008，46（5）：1085-1142.

[61] 高芳，傅仁辉. 会计准则改革、股票流动性与权益资本成本：来自中国A股上市公司的经验证据［J］. 中国管理科学，2012（4）：27-35.

[62] 闫华红，张明. 准则变更、盈余质量与资本成本关系研究［J］. 财政研究，2012（9）：78-81.

[63] 张明. 准则变更、盈余质量与资本成本关系研究［D］. 北京：首都经济贸易大学，2012.

[64] 孙枭飞，晏超. 会计准则变革对股权资本成本的影响研究：基于会计敏感性和经济敏感性视角的实证检验［J］. 财经问题研究，2015（2）：102-109.

[65] 罗劲博. 公司治理环境、准则变迁与股权资本成本：基于沪深A股市场的经验证据［J］. 证券市场导报，2014（3）：24-32.

[66] BEBCHUK L A，ROE M J. A Theory of Path Dependence in Corporate Ownership and Governance［J］. Stanford Law Review，1999（52）：127-170.

[67] SCHMIDT R H, GERALD S. Path Dependence, Corporate Governance and Complementarity [J]. International Finance, 2002, 5 (3): 311-330.
[68] RANDALL K M, LLOYD S. The Global History of Corporate Governance: An Introduction [R]. NBER Working Papers, 2005, 1: 47.
[69] YOSHIKAWA T, MCGUIRE J. Change and Continuity in Japanese Corporate Governance [J]. Asia Pacific Journal of Management, 2008, 25 (1): 5-24.
[70] 郦红艳. 中国公司治理的路径依赖：理论与实证分析 [J]. 中国工程科学，2004，6（2）：82-87.
[71] 赵玲. 公司治理的路径依赖及其对公司治理演进的影响 [J]. 法学杂志，2010（10）：121-123.
[72] 汤吉军，年海石. 国有企业公司治理结构变迁、路径依赖与制度创新 [J]. 江汉论坛，2013（2）：71-74.
[73] 吴敬琏. 路径依赖与中国改革：对诺斯教授演讲的评论 [J]. 改革，1995（3）：57-59.
[74] 王仕军. 国有企业改革的路径依赖与对策 [J]. 财经研究，1998（9）：28-33.
[75] 佟健，宋小宁. 中国经济改革模式：基于路径依赖理论的视角 [J]. 经济与管理，2012，26（5）：6-12.
[76] 赵降英. 路径依赖与股份合作制企业的演进路径探析 [J]. 经济学动态，2003（9）：35-37.
[77] 王先述. 我国家族企业治理模式演进的路径依赖与生存检验 [J]. 苏州大学学报，2012（2）：117-122.
[78] 皮天雷. 中国改革开放三十年来金融制度变迁探析：基于制度变迁的路径依赖视角中国经济问题 [J]. 2011（3）：45-69.
[79] 杨友才. 制度变迁、路径依赖与经济增长的模型与实证分析：兼论中国制度红利 [J]. 山东大学学报（哲学社会科学版），2015（4）：141-150.
[80] 张新民，吴革. 会计制度国际化变迁：中国的经验与难题 [J]. 财务与会计，2007（6）：6-8.
[81] 胡元木，马文爽. 资本结构调整路径依赖性研究 [J]. 东岳论丛，2012（12）：148-153.
[82] GIVOLY D, et al. Taxes and Capital Structure: Evidence from Firms' Response to the Tax Reform Act of 1986 [J]. Review of Financial Studies,

1992，5（2）：331-355.

[83] RAJAN G R，ZINGALES L. What do We Know about Capital Structure? Some Evidence from International Data［J］. Journal of Finance，1995（50）：1421-1460.

[84] GRAHAM J R. Taxes and Corporate Finance［R］. SSRN Working Paper，2003.

[85] GRANT，RICHARDSON，ROMAN，et al. Determinants of the Variability in Corporate Effective Tax Rates and Tax Reform: Evidence from Australia［J］. Journal of Accounting and Public Policy，2007（26）：689-704.

[86] FAMA E F，FRENCH K R. Taxes，Financing Decisions，and Firm Value［J］. Journal of Finance，1998，53（3）：819-843.

[87] FAN J P H，TITMAN S，TWITE G. An International Comparison of Capital Structure and Debt Maturity Choices［R］. SSRN Working Paper，2008: 55-78.

[88] DEMIRGÜÇ-KUNT A，MAKSIMOVIĆ V. Stock Market Development and Financing Choice of Firms［J］. World Bank Economics，1998（8）：3-29.

[89] DEMIRGÜÇ-KUNT A，MAKSIMOVIĆ V. Investment Decisions and Financing Choice of Firms［J］. World Bank Economics，1999（8）：60-78.

[90] SHLEIFER A，WOLFENZON D. Investor Protection and Equity Markets［J］. Journal of Financial Economics，2002，66（1）：3-27.

[91] GIANNETTI M. Do Better Institutional Mitigate Agency Problems? Evidence from Corporate Financing Choices［J］. Journal of Financial and Quantitative Analysis，2003（38）：185-212.

[92] FAN J P H，TITMAN S，TWITE G. An International Comparison of Capital Structure and Debt Maturity Choices［R］. Working Paper，Chinese University of Hong Kong，2010.

[93] 王志强. 中国上市公司债务政策的实证研究［J］. 厦门大学学报（哲学社会科学版），2006（4）：18-25.

[94] 王素荣，张新民. 资本结构和所得税税负关系实证研究［J］. 中国工业经济，2006（12）：98-104.

[95] 杨丽彬，陈晓萍. 企业所得税对债务融资影响分析：基于我国上市公司的实证研究［J］. 财会通讯·学术，2007（5）：35-39.

[96] 田高良，赵莉君．所得税对我国上市公司资本结构的影响［J］．西安交通大学学报（社会科学版），2008，28（3）：27-32.
[97] 王跃堂，王亮亮，彭洋．产权性质、债务税盾与资本结构［J］．经济研究，2010（9）：122-135.
[98] 黄明峰，吴斌．税收政策的变化影响公司资本结构吗：基于两税合并的经验数据［J］．南方经济，2010（8）：17-28.
[99] 孙铮，刘凤委，李增泉．市场化程度、政府干预与企业债务期限结构：来自我国上市公司的经验证据［J］．经济研究，2005（5）：52-63.
[100] 肖作平．制度因素对资本结构选择的影响分析：来自中国上市公司的经验证据［J］．证券市场导报，2009（12）：40-47.
[101] 黄辉．制度导向、宏观经济环境与企业资本结构调整：基于中国上市公司的经验证据［J］．管理评论，2009（3）：10-18.
[102] 李自杰，李毅，刘畅．制度环境与合资企业战略突变：基于788家中小中外合资企业的实证研究［J］．管理世界，2011（10）：84-93.
[103] 蒋俊贤．投资者保护制度变革、融资偏好与资本结构［J］．经济问题，2013（3）：65-68.
[104] FISCHER E，HEINKEL R，ZECHNER J. Dynamic Capital Structure Choice：Theory and Tests［J］. Journal of Finance，1989，44：19-40.
[105] FAMA，FRENCH. Testing Tradeoff and Pecking Order Predictions about Dividends and Debt［J］. Review of Financial Studies，2002（15）：1-33.
[106] ROBERTS M R. The Dynamics of Capital Structure：An Empirical Analysis of a Partially Observable System［R］. SSRN Working Paper 305885，2002.
[107] FRYDENBERG S. A Dynamic Model of Corporate Capital Structure［R］. EFMA 2003 Helsinki Meetings，SSRN Working Paper 394989，2003.
[108] FLANNERY M，RANGAN K. Partial Adjustment toward Target Capital Structures［J］. Journal of Financial Economics，2006，79：469-506.
[109] HOVAKIMIAN A. The Role of Target Leverage in Security Issues and Repurchases［J］. The Journal of Business，2004，77：1041-1071.
[110] 陆正飞，高强．中国上市公司融资行为研究：基于问卷调查的分析［J］．会计研究，2003（10）：16-25.
[111] 丁培嵘，郭鹏飞．基于行业均值的公司资本结构动态调整［J］．系统工程理论方法应用，2005（5）：454-457.
[112] 孔爱国，薛光煜．中国上市公司资本结构调整能力的实证研究［J］．复

旦学报（社科版），2005（4）：39-46.

[113] 王正位，赵冬青，朱武祥. 资本市场磨擦与资本结构调整：来自中国上市公司的证据［J］. 金融研究，2007（6）：109-119.

[114] 郭鹏飞，孙培源. 资本结构的行业特征：基于中国上市公司的实证研究［J］. 经济研究，2003（5）：66-73.

[115] 张超. 转型经济中的公司资本结构动态调整及其实证研究［D］. 杭州：浙江大学，2011.

[116] BANERJEE H，HESHMATI A，WIHLBORG C. The Dynamics of Capital Structure［R］. Stockholm School of Economics Working Paper Series in Economics and Finance，2000：333.

[117] GOLDSTEIN R，JU N，LELAND H. An EBIT-Based Model of Dynamic Capital Structure［J］. Journal of Business，2001，74：483-512.

[118] TITMAN S，TSYPLAKOV S. A Dynamic Model of Optimal Capital Structure［J］. Review of Finance，2007，11：401-451.

[119] 王皓，赵俊. 资本结构动态调整模型：沪深股市的实证分析［J］. 经济科学，2004（3）：54-62.

[120] LŎŎF H. Dynamic Optimal Capital Structure and Technical Change［J］. Structural Change and Economic Dynamics，2004，15（4）：449-468.

[121] 肖作平. 资本结构影响因素和双向效应动态模型：来自中国上市公司面板数据的证据［J］. 会计研究，2004（2）：36-41.

[122] 童勇. 资本结构的动态调整和影响因素［J］. 财经研究，2004（10）：96-104.

[123] 连玉君，钟经樊. 中国上市公司资本结构动态调整机制研究［J］. 南方经济，2007（1）：23-38.

[124] 郝以雪，阮萍. 我国上市公司资本结构动态调整研究：目标资本结构行为或均值回归行为［J］. 当代会计评论，2013（12）：32-43.

[125] JALILVAND A，HARRIS R S. Corporate Behavior in Adjusting to Capital Structure and Dividend Targets：An Econometric Study［J］. Journal of Finance，1984，39：127-145.

[126] BYOUN S. Capital Structure Adjustments in the Presence of Adjustment Costs［J］. The 2005 Midwest Finance Association Annual Meetings，2005.

[127] HESHMATI A. The Dynamics of Capital Structure：Evidence from Swedish Micro and Small Firms［J］. Research in Banking and Finance，2002，2：

199-241.
[128] BAUM C F，CAGLAYAN M，TALAVERA O. The Effects of Future Capital Investment and R&D Expenditures on Firms' Liquidity [J]. Review of International Economics，2013，21（3）：459-474.
[129] 童勇. 我国上市公司资本结构部分调整的实证研究 [J]. 产业经济研究，2006（2）：43-48.
[130] 屈耀辉. 中国上市公司资本结构的调整速度及其影响因素：基于不平行面板数据的经验分析 [J]. 会计研究，2006（6）：56-62.
[131] PITTMAN J，KLASSEN K. The Influence of Firm Maturation on Firms' Rate of Adjustment to Their Optimal Capital Structures [J]. Journal of the American Taxation Association，2001，23：70-94.
[132] 黄辉. 企业资本结构调整速度影响因素的实证研究 [J]. 经济科学，2010（3）：96-106.
[133] ANTONIOU A，GUNEY Y，PAUDYAL K. Determinants of Corporate Capital Structure：Evidence from European Countries [R]. Working Paper，University of Durham，2002.
[134] 严浩军. 基于动态调整模型的中国上市公司资本结构研究 [D]. 上海：同济大学，2006.
[135] 陈必安. 我国上市公司资本结构调整速度及其影响因素研究 [J]. 西北农林科技大学学报（社会科学版），2009（3）：83-88.
[136] TUCKER J，STOJA E. Long and Short Run Capital Structure Dynamics in the UK：An Industry Level Study [R]. SSRN Working Paper，2007.
[137] WANZENRIED G. Capital Structure Dynamics in the UK and Continental Europe [J]. The European Journal of Finance，2006，12：693-716.
[138] LEVY A，HENNSSY C. Why dose Capital Structure Choice Vary with Macroeconomic Conditions [J]. Journal of Monetary Economics，2007（54）：1545-1564.
[139] COOK D O，TANG T. Macroeconomic Conditions and Capital Structure Adjustment Speed [J]. Journal of Corporate Finance，2009（7）：77-99.
[140] COOK D O，TANG T. Macroeconomic Conditions and Capital Structure Adjustment Speed [J]. Journal of Corporate Finance，2010（1）：73.
[141] 何靖. 宏观经济环境影响资本结构调整速度吗：来自中国上市公司的经验证据 [J]. 南方经济，2010（12）：3-16.
[142] 姜付秀，黄继承. 市场化进程与资本结构动态调整 [J]. 管理世界，

2011（3）：124-134.
[143] 黄继承，姜付秀. 产品市场竞争与资本结构调整速度［J］. 世界经济，2015（7）：99-119.
[144] 聂文忠，雒敏. 经济周期、政府控制与公司资本结构动态调整速度［J］. 中国地质大学学报（社会科学版），2013（9）：111-119.
[145] 麦勇. 上市公司资本结构调整速度的区域差异及其影响因素分析：基于2000～2009年沪深A股上市公司样本的研究［J］. 金融研究，2011（7）：196-204.
[146] 李思存. 区域金融发展水平对资本结构动态调整的影响研究［D］. 合肥：安徽财经大学，2013.
[147] 朱雁春. 货币政策、企业成长性与资本结构动态调整［J］. 国际金融研究，2014（11）：46-54.
[148] 宋献中，吴一能，宁吉安. 货币政策、融资约束与企业资本结构动态调整［J］. 云南财经大学学报，2014（5）：127-132.
[149] 邹萍. 货币政策、股票流动性与资本结构动态调整［J］. 审计与经济研究，2015（1）：74-82.
[150] 黄继承，朱冰，向东. 法律环境与资本结构动态调整［J］. 管理世界（月刊），2014（5）：142-155.
[151] FAULKENDER M W，FLANNERY M J，HANKINS K W，et al. Are Adjustment Costs Impeding Realization of Target Capital Structure［J］. AFA 2008 New Orleans Meetings Paper Available at SSRN 972148，2007.
[152] 卢斌，曹启龙，刘燕. 融资约束、市场竞争与资本结构动态调整：基于产业异质性的研究［J］. 宏观经济研究，2014（3）：91-100.
[153] 何娟，吕华. 经济制度概念的解析与界说［J］. 甘肃社会科学，2008（1）：166-167.
[154] 李颖. 对制度变迁理论的理性思考［J］. 湖北经济学院学报（人文社会科学版），2007，10（4）：38.
[155] NORTH D C. Structure and Change in Economic History［M］. New York：W. W. Norton & Company，Inc.，1981.
[156] 袁庆明. 论制度的核心功能及其实现［J］. 郑州轻工业学院学报(社会科学版)，2008，9（1）：71.
[157] 江友三. 会计设计导论［M］. 济南：山东人民出版社，1985：1.
[158] 徐政旦，等. 会计制度设计［M］. 上海：上海财经大学出版社，1996：1-2.

[159] 闵亮，邵毅平．经济周期、融资约束与企业资本结构动态调整速度［J］．中南财经政法大学学报，2012（6）：100-124．

[160] BERLE A A，MEANS G C. The Modern Corporation and Private Property［M］. New York：The Macmillan company，1932.

[161] KANODIA C，LEE D. Investment and Disclosure：The Disciplinary Role of Periodic Performance Reports［J］. Journal of Accounting Research，1998，36（1）：33-55.

[162] HEALY P M，WAHLEN J M. A Review of the Earnings Management Literature and its Implications for Standard Setting［J］. Accounting Horizons，1999，13（4）：365-383.

[163] KIM，SUH. Incentive Efficiency of Compensation based on Accounting and Market Performance［J］. Journal of Accounting and Economics，1993（16）.

[164] BUSHMAN，SMITH. Financial Accounting Information and Corporate Governance［J］. Journal of Accounting and Economics，2001（32）：237-333.

[165] 道格拉斯·诺斯．制度、制度变迁与经济绩效［M］．上海：上海人民出版社，1994．

[166] 科斯，阿尔钦，诺斯，等．财产权利与制度变迁[M]．上海：上海三联书店，1994．

[167] WITT U. Evolutionary Economics［M］. Cheltenham，UK：Edward Elgar Publishing Limited，1993.

[168] ARTHUR W B. Competing Technologies，Increasing Returns and Lock-in by Historical Events［J］. The Economic Journal，1989（99）：116-131.

[169] 李玉环．深化会计改革，打造高质量会计准则制度：纪念《企业会计准则》实施十周年［J］．会计研究，2003（7）：4．

[170] FRYDENBERG S. Capital Structure Theories and Empirical Tests：An Overview［J］. Capital Structure and Corporate Financing Decisions：Theory，Evidence，and Practice，2011（15）：129-150.

[171] HESHMATI A. The Dynamics of Capital Structure：Evidence from Swedish Micro and Small Firms［J］. Research in Banking and Finance，2001（2）：191-241.

[172] MYERS S. The Capital Structure Puzzle［J］. Journal of Finance，1984

（39）：575-592.

[173] BANERJEE S，HESHMATI A，WIHLBORG C. The Dynamic of Capital Structure［J］. Research in Banking and Finance，2004（4）：275-297.

[174] 胡元木. 资本结构调整速度的研究：以食品业上市公司为例［J］. 会计之友，2013（10）：4-14.

[175] 李增泉，卢文彬. 会计盈余的稳健性：发现与启示［J］. 会计研究，2003（2）：19-27.

[176] 罗婷. 解析新会计准则对会计信息价值相关性的影响［J］. 中国会计评论，2008（6）：129-140.

[177] 卢婷婷. 会计准则变迁前后会计信息价值相关性研究［D］. 重庆：重庆理工大学，2010.

[178] 王建新，赵君双. 新会计准则对会计信息价值相关性的影响分析：基于我国A股上市公司的经验证据［J］. 财政研究，2010（4）：78-80.

[179] 李佳琳. 上市公司会计信息价值相关性的实证研究：基于2007年会计准则实施后的经验数据［D］. 蚌埠：安徽财经大学，2011.

[180] 田永涛，顾成军. 新旧准则的会计信息价值相关性［J］. 山东工商学院学报，2011，25（1）：81-85.

[181] 胡元木，王磊，徐实. 会计稳健性对盈余价值相关性影响的实证分析：基于会计制度变迁视角［J］. 经济与管理评论，2013（6）：118.

[182] BOTOSAN C，PLUMLEE M，XIE Y. The Role of Private Information Precision in Determining Cost of Equity Capital［J］. Review of Accounting Studies，2005，9（2/3）：233-259.

[183] DHALIWAL D，LI O，TSANG A，et al. Voluntary Nonfinancial Disclosure and the Cost of Equity Capital：The Initiation of Corporate Social Responsibility Reporting［J］. The Accounting Review，2011，86（1）：59-100.

[184] 杨红，杨淑娥，张鹏. 信息披露质量对股权融资本影响的时间趋势：基于熵权测度的我国上市公司的实证研究［J］. 山西财经大学学报，2012，34（12）：68-81.

[185] WELKER M. Disclosure Policy，Information Asymmetry，and Liquidity in Equity Markets［J］. Contemporary Accounting Research，1995（11）：801-827.

[186] 吴明礼，戴荣波. 政治关联、信息披露质量与债务融资成本［J］. 南京审计学院学报，2015（3）：81-86.

[187] BHATTACHARYA S，CHISEA G. Proprietary Information，Financial

Intermediation and Research Incentives［J］. Journal of Financial Intermediation，1995（4）：328-357.
[188] BHARATH S T，SUNDER J，SUNDER S V. Accounting Quality and Debt Contracting［J］. The Accounting Review，2008，83（1）：1-28.
[189] CIAMARRA E S. Monitoring by Affiliated Bankers on Board of Directors：Evidence From Corporate Financing Outcomes［J］. Financial Management，2012（41）：665-702.
[190] 杨世忠. 企业会计信息质量极其评鉴模式与方法研究［M］. 上海：立信会计出版社，2008：68.
[191] 罗斌元. 会计信息质量对投资效率的影响研究［D］. 天津：天津财经大学，2012.
[192] 李鑫. 中国上市公司会计信息质量研究：基于公司治理的视角［D］. 济南：山东大学，2014.
[193] DEANGELO L E. Accounting Numbers as Market Valuation Substitutes：A Study of Management Buyouts of Public Stockholders［J］. The Accounting Review，1986，61：400-420.
[194] DECHOW P M，WEILI G，CATHERINE S. Understanding Earnings Quality：A Review of the Proxies，Their Determinants and Their Consequences［J］. Journal of Accounting and Economics，2010，50：355-401.
[195] 周浪波. 收益质量及其评价微探［J］. 财会月刊，2002（10）：9-10.
[196] 张新民，王秀丽. 企业财务状况的质量特征［J］. 会计研究，2003（9）：35-38.
[197] 孙谦. 盈余持续性研究综述及启示［J］. 厦门大学学报（哲学社会科学版），2010（1）：30-36.
[198] 王庆文. 会计盈余质量对未来会计盈余及股票收益的影响：基于中国股票市场的实证研究［J］. 金融研究，2005（10）：141-152.
[199] 袁淳，王平. 会计盈余质量与价值相关性：来自深市的经验证据［J］. 经济理论与经济管理，2005（5）：36-39.
[200] 程小可. 年度盈余披露的及时性与市场反应：来自沪市的证据［J］. 审计研究，2004（2）：48-53.
[201] 王化成，佟岩. 控股股东与盈余质量：基于盈余反应系数的考察［J］. 会计研究，2006（2）：66-73.
[202] 胡巧玉. 关联交易对上市公司盈余质量的影响分析：基于沪市A股上市公司的经验研究［J］. 吉林金融研究，2013（12）：21-27.

[203] 沈玉清，戚务君，曾勇. 审计任期、公司治理与盈余质量［J］. 审计研究，2009（2）：50-55.

[204] 黄欣然. 盈余质量影响投资效率的路径：基于双重代理关系的视角［J］. 财经理论与实践（双月刊），2011（3）：62-67.

[205] 王俊秋. 政治关联、盈余质量与权益资本成本［J］. 管理评论，2013（10）：80-89.

[206] 黄琼宇，程敏英，黎文靖，等. 上市方式、政治支持与盈余质量：来自中国家族企业的证据［J］. 会计研究，2014（7）：43-49.

[207] 李四海，蔡宏标，张俭. 产权性质、会计盈余质量与银行信贷决策：信贷歧视抑或风险防控［J］. 中南财经政法大学学报，2015（5）：78-87.

[208] DECHOW P M，SLOAN R G，SWEENEY A P. Detecting Earnings Management［J］. Accounting Review，1995，33（2）：193-225.

[209] DECHOW P M，DECHIV I D. The Quality of Accruals and Earnings: The Role of Accrual Estimation Errors［J］. Accounting Review，2002（77）：35-59.

[210] 张雁翎，陈涛. 盈余管理计量模型效力的实证研究［J］. 数理统计与管理，2007（3）：481-488.

[211] 刘文达，于长春，张宏伟，等. 盈余管理计量模型检验：来自中国上市公司的证据［J］. 上海立信会计学院学报（双月刊），2011（4）：16-24.

[212] 顾振伟，秦默，欧阳令南. 改进后扩展琼斯模型与其他盈余管理计量模型的比较研究［J］. 财经论丛，2008，5（3）：78-83.

[213] 许亮. 盈余管理计量模型比较研究［J］. 现代经济信息，2014（3）：235-236.

[214] 杜兴强，杜颖洁. 会计准则、公允价值与会计稳健性：基于1998～2008年中国资本市场上市公司的经验证据［J］. 天津商业大学学报，2010（3）：9.

[215] BLISS J H. Management through Accounts［M］. New York: The Ronald Press Co.，1924.

[216] 张兆国，刘永丽，李庚秦. 会计稳健性计量方法的比较与选择：基于相关性和可靠性的实证研究［J］. 会计研究，2012（2）：37-41.

[217] OHLSON J. Earnings，Book Value，and Dividends in Equity Valuation［J］. Contemporary Accounting Research，1995（11）：661-687.

[218] KOTHARI S，ZIMMERMAN J. Price and Return Models［J］. Journal of Accounting and Economics，1995，20：155-192.

[219] BROWN S，LO K，LYS T．Use of R^2 in Accounting Research：Measuring Changes in Value Relevance over the Last Four Decades［J］．Journal of Accounting and Economies，1999（28）：83-115.
[220] 姜付秀，支晓强，张敏．投资者利益保护与股权融资成本：以中国上市公司为例的研究［J］．管理世界（月刊），2008（2）：122.
[221] 汪平，袁光华．基于资本成本的我国企业股东利益保护研究［J］．经济与管理研究，2010（11）：22-23.
[222] 张圣利．机构持股、会计稳健性与公司权益资本成本：来自中国证券市场的经验证据［J］．经济经纬，2012（5）：118-119.
[223] 蒋琰．权益成本、债务成本与公司治理：影响差异性研究［J］．管理世界，2009（11）：144-155.
[224] 魏志华，王贞洁，吴育辉，等．金融生态环境、审计意见与债务融资成本［J］．审计研究，2012（3）：101.
[225] 刘艳宏．金融环境、审计意见与民营上市公司债务融资成本［J］．财会通讯·综合，2014（1）（下）：30.
[226] 陈汉文，周中胜．内部控制质量与企业债务融资成本［J］．南开管理评论，2014（17）：107.
[227] 王志强，洪艺珣．中国上市公司资本结构的长期动态调整［J］．会计研究，2009（6）：50-57.
[228] FAULKENDER M，FLANNERY M J，HANKINS K W，et al．Cash Flows and Leverage Adjustments［J］．Journal of Financial Economics，2012，103：632-646.
[229] HALE G．Prospects for China's Corporate Bond Market［R］．Federal Reserve Bank of San Francisco Economic Letter，2007，7.
[230] FAMA E F，FRENCH K R．Financing Decisions：Who Issue Stock［J］．Journal of Financial Economies，2005，76（3）：549-582.
[231] 黄辉．中国上市公司资本结构调整速度与调整路径的实证研究［D］．武汉：华中科技大学，2009.
[232] LEMMON M，ROBERTS M R．The Response of Corporate Financing and Investment to Changes in the Supply of Credit［J］．Journal of Financial and Quantitative Analysis，2010，45（3）：55-87.
[233] 于蔚，金祥荣，钱彦敏．宏观冲击、融资约束与公司资本结构动态调整［J］．世界经济，2012（3）：24-44.
[234] 王淑娜．宏观经济环境、融资约束和资本结构动态调整［D］．北京：

首都经济贸易大学，2014.

[235] BARON R M，KENNY D A. The Moderator-Mediator Variable Distinction in Social Psychological Research：Conceptual，Strategic，and Statistical Consideration［J］. Journal of Personality and Social Psychology，1986，51（6）：1173-1182.